中国正統

風水アイテム図鑑

塚田眞弘◎著　社団法人 国際・風水協会◎監修

SEIKO SHOBO

はじめに

～ホンモノの正統風水～

本書『中国正統風水アイテム図鑑 改訂版』の監修には、世界中の風水に関する書物やデータを収集し、正統なる風水を真摯に研究している『社団法人 国際・風水協会』の協力を頂きました。

この協会は、『風水を神格化しよう』とか『風水を教えよう』とかの構えではなく、ましてや『風水師の同業組合』でもありません。

開発とか資本主義とかの名目で『良かれと思って行なわれてきたことが実は、地球環境を破壊しながら経済を追い求めていた』という現実に私たちは直面しています。

合理主義とか資本主義とかだけで人々が幸せになれないことを実感した今、『環境に合わせながらの気持ちよい生活』『使い尽くすことがない自然との共生』を機軸として研究されてきた風水は『地球にやさしい最もエコロジーな文化』として世界中で評価され、『風水都市』のような大規模な都市開発から会社経営・住宅建築・そして※私たち一人ひとりの住まい方にまで広く深く応用されてはじめているのです。

この数千年にもおよぶ風水という【環境整備の研究成果の蓄積】をみなさんと共に謙虚に勉強していきましょうという趣旨で設立された『国際・風水協会』は、風水を目的とした団体で初めて社団法人という法人格を国から認められました。

この『中国正統風水アイテム図鑑 改訂版』の監修にあたり、『社団法人 国際・風水協会』の塚田眞弘理事長、楳山天心副理事長、中山厳副理事長、各支局を代表してニューヨーク支局のショーン正野局長、北京支局の余世良局長よりご挨拶を頂いておりますので、ここでご紹介いたします。

占いに偏った風水が蔓延する中で、『正統なる風水を先に学んだ者が事例を多く集めながら後進を育て、それを基に また全員で勉強していく』という古来からの伝承法に従いこの本を基本としてみなさんと共に勉強していきましょう！

学ぼうとするものは、千年の昔、千里の彼方にまでも、その師を求めることができるのです。

注釈⇒⇒⇒※私たち一人ひとりの住まい方とは…私たち一人ひとりがよりよい生き方、幸福な人生を築いていくための環境整備のこと

日本では90年代までは「風水」という言葉さえ聞いたことがない、という方がほとんどでしたが、ここ数年、空前の風水ブームとなりました。そして更に昨今では、単なるブームに留まることなく風水が私たち日本人の生活にしっかりと根付いてきているようにさえ感じられます。

風水は占いとは一線を画した、数千年ともいわれる中国悠久の歴史の中で進化発展し、現代まで脈々と受け継がれてきた学問（環境整備学・データ学・統計学）なのです。日本の気学、方位学もここに端を発しているのはご承知の通りです。

また風水は人々のもつ様々な悩みと問題を【新しい世界へ好転させる方向へ導く誠の学問】であるべき筈のものです。しかしながら、最も基本となる「天への畏敬」の念を欠き、洞察と勉強が浅い表面的なところにとどまったまま、もっともらしく風水を語る例を見ることも事実です。

国際·風水協会は正統なる風水を地道に研究していくことを目標に社団法人として設立いたしました。この協会をとおして伝統的な風水を世界の方々と共に、一層深くまで勉強していけるものと期待しております。今後とも皆様方のご協力、ご指導の程よろしくお願いいたします。

国際·風水協会 理事長 **塚田 眞弘**

Feng Shui has become an unprecedented boom in Japan for the past few years. Ten years ago, even the word “Feng Shui” was unheard of. Now, Feng shui has taken root firmly in Japan and is not just a mere boom in the life of Japanese people. Feng Shui has a clear distinction from fortune-telling. It has evolved and developed in China for several thousand years. It is an environmentology study and also a statistics study inherited from the vast Chinese history. It is known that the Japanese Ki and Azimuth studies originated from China as well. In a nut shell, Feng-Shui is meant to solve people's worries. However, those who lack the knowledge often misuse it and give out wrong indication. Therefore, we have established the International Feng Shui Association to promote the true Feng Shui. We believe that our efforts will make a huge difference in promoting the traditional Feng Shui.

Masahiro Tsukada, Chief Director, The International Feng Shui Association

風水は、中国にて数千年以上の長い年月をかけ、義人達の研究と考察、そして実践により、統計に基づいて構築されてきた、れっきとした学問です。しかしながら、中国でも香港でも日本でも、風水とは名ばかりで、その実は中国の伝統的古典風水に根ざしているとは言えない風水が氾濫しているのが現状なのです。

国際·風水協会が監修したこの書物を通してより多くの方に、伝統的であり、実践的な風水学を身につけていただければ幸いです。ご自宅や職場はもちろんのこと、近代建築では化殺アイテムを上手に使うことにより、吉祥を呼び込み成果を得ることが主流となっております。また、それこそが悪い環境を改善する風水理論の代表的な手法なのです。

改運環境学である正統風水の正しい知識とノウハウを国際·風水協会と共に学んでいただき、幸福で充実した人生を送っていただければ、これ以上の喜びはありません。

国際·風水協会 副理事長 風水師 **楳山 天心**

Feng Shui was built upon the research, observation and statistics in China over thousands of years ago. However, many so-called Feng Shui are not based in Chinese Traditional Feng Shui and they have flooded everywhere ; in China, in Hong Kong and in Japan. There is a desperate need to develop a licensing test to evaluate the level of proficiency. Thereby we have established the International Feng Shui Association to carry out the evaluation test. We will also introduce the publication based on traditional ancient Feng Shui study as well as Feng Shui seminars. Our goal is to have more people understand correct Feng Shui and to have practical knowledge of same in order for one to lead happy, fulfilled lives at home and at work.

Tenshin Umeyama,
Permanent Director, The International Feng Shui Association

住宅や会社・商店に風水の改善策を取り入れ、『幸せな生活をしよう！』とされる方々が急激に増えてきています。それは、『風水』が、幸運を招くために発展してきた、裏づけのある【正しい学問】だと認識され、『宗教』や『占い』『迷信』ではないと、理解されてきたからなのでしょう。幸運を招く環境づくりをして、その環境の中でビジネスを行い、また、生活をすると自然にストレスの少ない幸せな人生が送れるものなのです。それでは、どのように環境のいい場所をつくり出したらいいのでしょうか？それは、現在の環境を見直し、気の流れを修正してあげれば良いのです。私は一級建築士として、横浜中華街の関帝廟をはじめ、中華の門・中華庭園・媽祖廟・中華料理店など様々な風水建築を手がけてまいりました。世界の風水師の方々でも建築学・特に中国古典建築を熟知しておられる方はごく少数と思われます。国際・風水協会が皆様に提供しているのは昨今マスコミに乗って流行しているファッショナブルな風水ではありません。風水を環境整備学ととらえた、しっかりとした改運です。

国際・風水協会の活動の中で私は、中国古典建築の基礎知識を用いて、公共施設・店舗・住宅の風水設計・施工を行っており、今後は、今もって研究し続けている、地球のもつエネルギーを上手に取り入れた『住みやすく運気の良い風水住宅建築』を設計・施工し、皆様のお役に立っていきたいものと考えております。

国際・風水協会 副理事長 一級建築士 **中山 厳**

Increasingly, people are looking for happiness by introduing Feng Shui at residents and businesses. Unlike religion and fortune-telling and superstitions, Feng Shui is thought to bring good fortune and is considered to be a “correct knowledge”. It is meant to set an environment where people can conduct business and live with less stress and therefore, lead a happy life. But how do we create a good environment? It’s simple. All we have to do is to reexamine the current environment and make certain changes to the Ki’s flow. I am a licensed architect and I have undertaken various projects including Kanteibyo (Hall of Kantei) at China Town in Yokohama, Japan., Chinese Gardens, Chinese Gate, Chinese restaurants, etc. There are very few people who are familiar with architecture, especially, with Ancient Chinese Architecture among the Feng shui geomancers. The Feng Shui that the International Feng Shui Association provides is not the trendy kind of fashionable Feng Shui. What we are trying to achieve here is an environment planning method. With my architect background and experiences, I would like to design & to construct public places, stores and residents based on my Chinese Ancient Architecture knowledge. My goals are to embrace methods that are Earth Friendly as well as designing comfortable places that bring good fortunes.

Gen Nakayama,

Permanent Director, The International Feng Shui Association, licensed architect

世界の中心ニューヨークにおいても、東洋の神秘なる改運術として【風水Feng-Shui】を研究し、日々の生活や会社経営の中に組み込んでおられる人々は少なくありません。それは世界で風水ほど永きに渡り研究されdata化された開運・改運術が類を見ないからです。合理主義をモットーとするアメリカ人にも学問として成立している改運術は魅力的にうつります。歴代の大統領の何人かはホワイトハウスに風水師を呼びレイアウトを変更させ、アメリカを大国にした経緯も風水学の正当性を裏付けているのです。

広大なニューヨーク州の中でも、ごく限られた場所（山手線の中ほどの小さなエリア）だけが経済の中心として世界中から人々を集めています。その世界の中心の中心に国際·風水協会ニューヨーク支局を構え、欧米の方々へ正しい【風水Feng-Shui】の文化を伝播し、改運に導く拠点として日々新たなる啓蒙活動を実施しております。またパワーストーンズの文化は、ニューヨークが研究の最先端となっております。ニューヨークから正しいパワーストーンズの知識・情報を発信していくこともニューヨーク支局の使命と考え、Feng-ShuiとPower-Stonesにおける世界のリーダーとして国際·風水協会が位置づけられるよう邁進していく所存です。

国際·風水協会 ニューヨーク支局 局長　**ショーン正野**

In the center of the world——New York, lots of people believe that the Feng Shui has the mysterious oriental way of changing destiny. Feng Shui has been incorporated in daily life and in the management of businesses. The reason for this is because Feng Shui is very unique in their unprecedented data for bringing good luck and changing destiny. Even to Americans（"realists" might be a less offensive word）rationalists, it seems attractive to study those skills. Many presidents of the US had called in Feng Shui masters to change the layout of white house and thereby popularized its use in the US.

People gather from all over the world to this financial center, New York. We would like to introduce the true Feng Shui culture to New Yorkers. Our goal is to become the world leader of Feng Shui culture.

Sean Shono,
New York branch Bureau Chief, The International Feng Shui Association

この度、日本に正統風水の専門研究機関が設立されましたことに、非常に重大な意義を感じますと共にその一員として活躍の場を与えて頂いたことを甚だ光栄に思っております。

人々はよく歴史を大河の流れにたとえます。その悠久なる大河の流れの中に、多くの史実が呑み込まれ、また沢山の英雄の名も消え、更にどれだけのかけがいのない文化が伝播することなく埋没し、現代に生きる者へと伝えられずに霧散したことでしょう。その中にあってかろうじて現代に伝わってきた史実・偉人伝・文化等は、大河の流れによって時に激しく洗われ、時に岩肌に触れて研ぎ澄まされ、余分なものを削ぎ落とした形となり、自ずと輝きを放たずにはいられないものとなって来るのです。『風水』もそのひとつで、大河の中で洗練され伝承されてきた貴重なエッセンスであり、それはまた古来より伝わった文化が、特殊な形式で伝承され現代に甦ったものとも表現できます。

中国の三皇五帝の時代（キリスト生誕の２千年も昔）に風水の概念は芽生えました。その後、風水は封建君主（皇帝）が国を統治するための一種の道具になったと考えられています。中国の数千年にも及ぶ封建制統治の根底を流れる思想と手法として風水文化は切り離せるものではありません。しかし、その風水文化発祥から4000年もの歳月が流れ「ある事件」が突然起こりました。1949年に毛沢東が中華人民共和国を建国、60年代からの文化大革命に至り、風水文化は『迷信』として一蹴され、それに関わる書物も、文化遺産も、研究者もすべてが葬り去られてしまったのです。人々は風水文化について聞くことも喋ることも接することさえも禁止され、その後の数十年間、歴史の舞台からもその発生の地からも風水は消えてしまったのです。しかし嬉しい事に、中国以外の香港・台湾・日本・東南アジア等では風水の研究は休むことなく行なわれてきました。更に1988年の鄧小平による改革開放政策以降復権した風水は、再び中国人民の身近な文化として戻り活用され始めました。今日、風水学は過去の神秘的なヴェールを取り去り、誰にでも理解・実践できる民衆文化として多様化し、応用された風水的な工夫は、いたるところで目にすることができる時代になってきています。

前述の様に風水は天文学・地理学・気象学・統計学・環境整備学・心理学等を統括し応用した総合科学です。科学に基づく風水は、人々の生活に密接に関係し、多くの人々を幸福・健康・成功に導くでしょう。

今後、私たちは伝統的な風水の立場から、招福・改運についての研究を通じて、お互いの交流を更に深めて行くことが出来ると思います。わたくしたちの交流が中日友好の強固な架け橋となりますように！

国際・風水協会 北京支局 局長　**余　世良**

在历史的长河中，无数的史实被淹没，无数的英雄人物被淹没，无数的文化被淹没，能够留存下来的已经被冲刷得精而又精了。风水，就是被冲刷得精而又精，又以特殊形式存留下来的远古文化。中国自三皇五帝时期开始就有了风水，那个时候的风水成为了封建君主为建立封建统治的一种工具，被渲染得玄之又玄，神秘不可测。中国几千年的封建统治，风水都是随之形影不离的。新中国建立之后风水被批成是迷信，人们闻之恐惧，更不敢接近，在几十年的时间里风水离开了历史舞台。但是在中国以外，香港，台湾，日本，东南亚等地方，对风水的研究一直没有停止过。中国改革开放以后，风水才回到了人们身边，被人们了解，认识，应用。今天的风水抹去了过去的神秘面纱，变得更实用化，人性化，简单化，多样化。人们可以随处看到，随处应用。风水是一门综合科学，它包含了天文，地理，气象，统计，环境整备，心理学等科学。它与人们的生活密切相关，是人们通往幸福，健康，成功的向导。人们利用风水来改变自己周围的生活环境，通过改变生活环境来改变自己的心态，通过改变自己的心态来改变自己的思考，通过改变自己的思考来改变自己的行为，通过改变自己的行为最终达到自己预想的目标。

多年以来我一直研究中国传统风水，把中国传统风水运用到坝代社会中。比如利用风水改善人们的健康状况，利用风水改善人与人的社会关系，利用风水改善商业行为等等，希望能给人们带来幸福与健康，也希望能够把我们的远古文化发扬光大。

作为日本（国际·风水协会）的一员，我祝愿日本（国际·风水协会），秉承国际精神，发挥，发扬，发展风水科学，造福人类。

在日本成立专门研究中国正统风水的机构是具有非常重大的意义、而且很荣幸能成为日本（国际·风水协会）的一员。愿我们在风水领域，改运，招福等方面互相沟通，互相交流，为日中友好关系架起更坚固的桥梁

国際·風水協会 北京支局 局長　**余　世良**

目次

目次

第3章 動物パワーで強運をつかむ！

第4章 邪の気を始末し改運へ導く！

第5章 古銭を組み合せて効力をアップ！

第6章 まだある！おすすめ改運アイテム！

第7章 色、香、音、光を使って運気を変える！

目次

第8章 水晶パワー効果で願望成就！

～改　運®～

中国四千年の歴史の中で受け継がれ、今日に至るまで機能し続ける文化、「正統風水」の真髄「改運」。自らの手で運命を変えていくという強い意志を込めたこの言葉を実現するためには本物の「改運アイテム」が必要とされます。しかしながら、プロが見ても迷う様なまがい物が氾濫する現状では、読者の皆様が自らの目で判別するのは困難な事でしょう。やはりアイテム選びはプロに任せた方が確かです。

このような時に、本当の「改運」を目指す読者が信頼できるアイテムを選択する一助となるのが、写真の「改運マーク」です。「改運マーク」は卓越したノウハウを持った風水店が自信を持って進められるアイテムにのみ添付もしくは刻印するマークで、アイテムだけに留まらず、風水相談やセミナーなど役務の提供においてもその目安になるよう使用される場合もありますので、風水相談などを受ける際にも風水店選びのポイントとなります。わが国における正統風水の伝承者として、また身の回りの環境をより良い状態に整備していく事を仕事とするプロとしての気概を表した「改運マーク」はその品質の証なのです。信頼の置ける風水店に選んでもらった「本物のアイテム」によってこそ、幸福と成功に繋がる本当の「改運」が得られるでしょう。

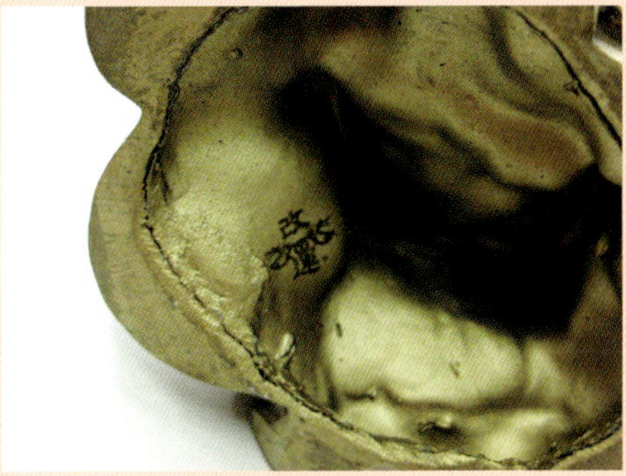

風水は周りの環境を整えることから始まる「環境整備学」だ！

風水という言葉は、今やほとんどの人に知られていると思います。また、私たちの周囲に風水を生活の中に取り入れる人が増えたために、風水アイテムも数多く出まわり、通販などでも手に入れることができるようになりました。しかし、それらの中にはいかがわしいものが多いのも事実で、残念ながら眉をひそめざるを得ないものも少なくありません。

日本では、にわかに脚光を浴びたように感じられる風水ですが、実は4000年以上も前から信じられてきた東洋思想の核とも言えるもので、日本の「気学」や「方位学」もここに端を発しているのです。

風水をよく知らない人の中には、風水を単なる「占い」や「おまじない」の一種だと思っていたり、科学的な根拠のない迷信だと考えている人も多いようです。

しかし、そうではありません。風水は地形や方位、長さの吉凶を判断し、住環境やビジネス環境の凶運や邪を祓い、財運などの吉祥（ラッキー）を呼び込む、いわば「環境整備学」と言えるものなのです。

風水を生んだ中国では、生活を快適に、人生を豊かにするために、この「環境整備学」をずっと利用してきました。それは建物だけでなく、政治や都市計画にまで影響を与えているのです。

では、なぜそこまで風水にこだわるのでしょうか？　もちろん、自らの運気を高めるためなのですが、中国文化圏には古来より次のような考えがベースにあるからなのです。

それは長い人生を振り返ってみると、人生を決定している要素は重要な順に「①命、②運、③風水、④積陰徳、⑤唸書学問」という五つの言葉で表せるという考えなのです。

この考えによれば、人生に最も影響を及ぼすのは「宿命（命）」であり、次に「運命（運）」、そして三番目に「風水」が入っています。「積陰徳」とは、陰徳を積むということで、ボランティアなど人の見ていないところで、世の中のために奉仕することを言います。そして現代の日本などでは最も重要視される「勉強」を意味する「唸書学問」がその人の人生に及ぼす影響力は、何と五番目になっているのです。

宿命は、生まれつき決まっているもので自分の努力だけでは解決できませんが、自分の人生を良くしたいと思うなら、勉強して陰徳を積んで運を開くよりも前に、まず風水を整えて努力が実るような環境を作り、それから陰徳を積み、勉強をするほうが早く運が開けると言う訳です。厳しい言い方をすれば、どんなに努力しても風水環境が悪ければ、成果が出ないと言うことなのです。

では、どのようにして風水を整えると良いのでしょうか？　もともと風水は、東洋思想を構成する五術（命、卜、相、医、山）の一つで、「相」にあたる学問です。この「相」は、手相、人相など、形の吉凶を判断するもので、主に地形が人に与える影響の吉凶を判断します。

風水で最も重要なのは、「気」の流れです。気と言うとわかりにくい存在だけに、何やらうさん臭いと思われる人もいるでしょうが、すべてのものに存在するエネルギーのことです。

特に大地に流れる気（エネルギー）は、運命を左右するほど、人間に大きな影響を与える力があると考えられています。風水では、この大地から生まれた気の流れ道を「龍脈」、その龍脈の集結する場所を「龍穴」と呼び、私たちに幸運をもたらす良い気は、この龍脈に沿って流れ、龍穴に集まると言われています。

このような良い気の集まった土地を「四神相応」の地と言い、「玄武（北）」「青龍（東）」「朱雀（南）」「白虎（西）」と呼ばれる地形がそろった風水環境上最高の地で、大変運気が高い土地として大切にされています。それは、この地に住居を構えたり、商売を営んだりすると、その家は栄え、商売は繁盛すると言われているからです。

ところが、このような吉相の地はなかなか手に入れることはできません。土地開発が進み、こうした地形が少なくなったこともありますが、たとえあったとしても、その場所は当然、居心地が良いために売り出されることも少ないからです。しかし、だからといってあきらめることはありません。

大地には必ずどこにでも、気（エネルギー）の流れがあります。「風水」には、このような気の流れを見極め、方位や風水アイテムを利用して、良い気をたくさん取り込み、幸運を呼び込んで運気を高める方法があるからです。

易経の基本「陰陽五行」に基づいた風水学

ここで、風水をより深く理解していただくために、風水の元となる「易経」の基本的な思想について少し説明しましょう。

易経はおよそ2800年前の西周の時代に体系が整ったと言われ、東洋哲学の元となる大切な書物です。易経の基本は「陰陽五行」で、「易経」を英語で「Changing Law」と言うように、「変化する法則性」を説いているのです。このことは易経の「易」という文字が、太陽を表す「日」と月を表す「勿」の複合文字であることからも、「陰と陽が交わることにより引き起こされる変化」について書かれていることがわかります。世の中は「諸行無常」で、形あるものは滅び、そして再び新しいものが作り出されていきます。あなたが望むと望まざるとに関わらず、森羅万象、すべてのものは必ず変化してしまうのです。

しかし、たった一つだけ絶対に変化しないことがあるのをご存知ですか？それは「すべてのものは変化してしまうのだという事実」です。こんな厳しいロジックが成り立ってしまうほど「陰陽による変化」は、確実な法則性と言えます。古くから日本を含む中国文化圏では、「物極まれば即ち返る」という法則（中国の古典「資治通鑑（しじつがん）」）により、すべては支配されていると考えられてきました。

つまり地球環境も、そして人の心も常に変化していると言うことです。しかし、私たち人間は一般的に安定を求め、変化を容易には受け入れられません。人々の多くの悩みは「安定を求める心が、変化する状況に追いつかない」ことに原因があると、私は考えています。

例えば、異性と出合い関係が深まっていくと、気持ちや環境が変化していきます。最初のうちは、わくわくどきどきしながら、この変化を受け入れます。しかし、恋愛関係になると、段々安定を求め合うようになり、相手の心変わりを恐れるようになるものです。そして、どちらかの心が変化して離れると傷つき、その変化を受け入れられずに、ストーカーのような行為に発展することもあるのです。もし「易経」の教えを正しく理解すれば、心変わりをするのは当然のことと受け入れ、また、心変わりをする前に、接し方や環境を変化させて、破局に陥らないように対処することもできるはずです。

変化は陰陽の法則によってもたらされます。陰陽とは相反する対極を示し、物を生み出す力の象徴とされています。天と地、光と影、太陽と月、男と女、これらはすべて一対のものであり、陰と陽の関係です。そして、この世のすべてのものは陰陽から成り、絶えず変化しながらバランスを取り合っているのです。

風水学も、この「陰陽五行」に基づいています。風水で重要なキーワードとなる「気」もまた、この自然界の法則に従い陰陽によって生まれ、絶えず変化しているのです。

あなたは地球のエネルギーを感じていますか？

古代から人々は、天文を観察したり地形の変化を見極めたりして、宇宙規模のエネルギーの流れを感じ取り、それを利用しようとしてきました。地震の前に動物たちが騒ぎ出したり、雨が降る前に鳥や虫たちの姿が見えなくなったりするのも、このエネルギー（気）の流れの変化を察知しての行動なのです。元来、人間にもこのような気の流れを感知する力が備わっています。

例えば、森林浴を経験したことのある人ならお気付きでしょうが、木々の香りにリラックスし、心身が癒された経験があるはずです。そのとき心と身体に作用したもの、それが気の存在です。リラックスしたのは、森林が発している気が五感を通して全身に伝わり、身体に作用した証拠なのです。

また、家や会社、ホテルなどで、「なんだか居心地が悪い」と感じることはありませんか。これも気の影響なのです。ところが、人間は順応性が高い動物なので、気のせいと考えるうちにその環境に慣れてしまい、いつの間にか気がつかなくなってしまうのです。しかし、これらの気は、ときに精神状態に大きな影響を与えます。気が悪ければ気分が落ち込むなどの悪影響を与え、気が良ければ心が明るくなり、居心地もいいのです。

すべてのものは陰陽のバランスの上に成り立っていますから、その場に陰の気（マイナスのエネルギー）が多ければ、陰陽のバランスをとるために、そこにいる人の陽の気（プラスのエネルギー）を吸収する場になります。逆に、陽の気（プラスのエネルギー）が多い場で生活すれば、常に陽の気を取り入れ、生命力を強くすることができます。これこそが、風水環境を整えるということなのです。

気は人間をはじめ、天体、地面、水、火、金属、動植物のすべてのものから出ています。気には、人間が感じられるものと感じられないものがあり、私たちはそのすべての気の影響を受けながら暮らしているのです。常に気を感じながら生活しているのですが、普段はあまり気がつくことはありません。

風水では、気の影響を判断するため、目に見える形態から来る影響を「巒頭（らんとう）」という方法で、目に見えないものから来る影響を「理気（りき）」という方法で判断します。そして、そこに流れる気を感じ取り、バランスが良くなるように改善します。

とかく「ビジネスがうまくいかない」「人間関係で悩んでいる」「悪いことばかりが続く」などと嘆いている方の話を聞くと、「努力とは逆風の中で汗水流してオールを漕ぐこと」のように考えている方が多いことに驚かされます。汗水流して努力することは、もちろん大切なことですが、逆風を順風に改善することの方が先決だと思いませんか？同じように汗水流して努力するのなら、順風に後押ししてもらった方が早く目的地に到達できるのは説明するまでもありません。風水改善とはこのようなことを言うのです。

たいていの人は、何か問題が起きたときに、いつも同じ解決策をとるものです。「とにかく頑張る」「人に八つ当たりをする」「じっと我慢する」など…それで問題が解決しないときも、同じことを何回か繰り返し行き詰ってしまうのです。

風水的改善をすれば「気の流れ」が変わります。簡単に言うと、「邪気の侵入をしっかり止め、良い気の活性を高めます。そして、その空間に物事を生み出す力を与え、それが永続するように工夫する」のです。その場の気が変わると気分が変わります。それによって、物事を違う角度から見たり、ひとつ上から客観的に眺めたりすることができるようになり、問題に対する対処法が変わってきます。すると結果も変わり、人間関係や運気も変わり、すべてが順調に動き出すのです。

単純明快な考えや行動にこそ力があります。風水で環境改善をするときは、自分の現状より一つか二つ上の段階になるような環境に、思い切って変えてしまうことが極意です。間違いなく、その場の気が変わるはずです。あとは、自分が決断したことを信じて行動するだけです。

現代人（特にアメリカナイズされた合理主義を信望してきた戦後になってからの日本人）は「目に見えないエネルギーの存在を信じない」傾向が顕著です。

しかし、信じる信じないは個人的な問題とは言え、自分が関係している場所が「仕事がうまくいく店舗や事務所」とか「住んでいて気持ちのいい住居」になっていることに越したことはないと思いませんか？

信じない方は「おまじない」程度に思って下さっても結構です。「目に見えない力に、自分の努力を後ろから後押ししてもらう」と考えて、この「目に見えない力」つまり「風水を整える」ということを実感してみてはいかがでしょうか？

初めにお話しましたが、風水は吉祥を呼び込む「環境整備学」であり、「運命改運学」でもあるのです。人生に風水を活用すれば、心地よい空間で生活や仕事ができ、自分の潜在能力を引き出して、後天の運を高めることができるのです。

今日から自分でできる改運法「化殺風水」

風水の意味がわかってくると、誰でも「四神相応」のような運気の良い場所や、吉相の家に住みたいと願うでしょう。

しかし、風水の集大成とも言うべき、中国の故宮（紫禁城）・平安京など、計画的に造られた歴史的な建造物や都を除けば、完璧に風水的な環境が整った家や建物と言うものは、ほとんどありません。必ずどこかに悪い部分があるものです。だからと言って、引越しや家の改装、建て替えをするのは負担も大きく、あまり現実的ではありません。

もし、新たに住居、事務所、店舗などを構えようと考えているのなら、建物から造る場合は、風水に合わせて設計することができるでしょう。ところが、現代ではマンションやテナントビルに入る場合が多く、一戸建てを購入するとしても、風水に合ったものを手に入れることは非常に難しいです。

しかし、悲観的になる必要はありません。風水には良い気を引き込むだけでなく、凶を吉に変える方法があるからです。風水には元来、決定的にダメということは少なく、ほとんどの場合、基本的に良い環境に整えることで運気を改善することができるのです。

改善方法は大きく分けて二つあります。まず、羅盤などの風水道具を使って龍脈や龍穴を判断し、良い気を呼び込み悪い気を逃す方法です。ただし、この方法は風水師の領分で、もし自分で実践するのなら本格的に風水を勉強しなくてはなりません。

もう一つは、「DIY風水（Do It Yourself Feng Shui）」と言われるもので、以下で紹介する様々な風水アイテムを使って、自分でも簡単にできる方法です。

風水には500種類を超えるアイテムがあります。数千年にわたって伝えられてきたこれらのアイテムには、さまざまな願いをかけてこれらをひとつひとつ作り上げ、そしてそれらを使ってきた人々の気が宿っています。伝統的な手法で作られた、本物の風水アイテムを自分の部屋や事務所、お店などに置いたり、吊り下げたりすることで、陰気・邪気・殺気・妖気などの「魔」の侵入を祓い、その場の気を活性化し、人脈を呼び込んで、財運、恋愛運、商売運など、様々な運を良くすることができるのです。

これを「化殺好転」とか「化殺風水」と言い、風水入門の第一歩としておすすめの改運法です。四千年も前から脈々と受け継がれている風水学には、先人たちの経験に基づいた風水の知恵とデータが詰まっています。人生を豊かにできる、その上質のエッセンスを利用しない手はありません。

そして、「環境を大切にし、その環境に合わせながら生活することで幸運を得る」と言う「地球にやさしい正しい価値観」を持った風水学は、「地球を大切にしよう！」と機運が高まっている現代に、まさにぴったりの学問であり、今、世界中で注目を集めてきているのです。

第1章

風水には欠かせない！基本アイテム

中国には、歴史的に裏づけされた500種類を超える風水アイテムがあります。

本章ではまず、風水を始めるにあたって欠かせない基本的なアイテムの正しい使い方や、その効果を紹介しましょう。

風水盤・羅盤・羅経盤

風水師にとってなくてはならないのが、風水の伝統的な道具類です。中でも「風水盤（羅盤《らばん》）」は風水の基本ともいうべきツールで、風水師はこれらを使って目に見えない気（エネルギー）を見極め、住環境やビジネス環境を整えます。

この風水盤を使いこなすことができたら、もう風水師の仲間入りです。おそらく最初は何が書いてあるのかわからないかもしれません。でも、羅盤を手にすることから風水の第一歩が始まります。そして、次第に世の中が風水通りに動いていることを実感するようになるでしょう。

風水盤には、五行《ごぎょう》、八卦《はっけ》、天干《てんかん》、地支《ちし》、星曜《せいよう》、節気《せっき》など、星の動きやエネルギーの結合といった、あらゆる宇宙現象や自然現象についての大切な知識がつまっています。風水師はこれらを使って、住環境やビジネス環境に最適の立地や家具の配置を計測して判断しますが、使い道はそれだけではありません。

風水盤には地場のエネルギーを調節し、気の流れを安定させる効果もあり、たとえ使わなくても気になる場所に置いたり、玄関や室内の壁に掛けるようにすると「化殺好転《かさつこうてん》」してくれます。さらに「運気が低下している」と感じる家や人の運気まで上昇させてくれる効果があるのです。

また、風水盤を携帯すると心身が平安に保たれ、大病や災難を最小限に抑えてくれる効果もあります。そのため小さな風水盤をお守りとして身につけたり、自動車に取り付けたりすることも頻繁に行われます。

風水盤（安定羅盤）

入門者に最適！

「風水盤」は風水の基本的な道具ですが、この風水盤は「本格的なものはまだ必要ない」という人のための入門的なものです。

使用しないときは、玄関やリビングルームなどに置いておくだけで、その場のエネルギー（気）の調整をしてくれます。

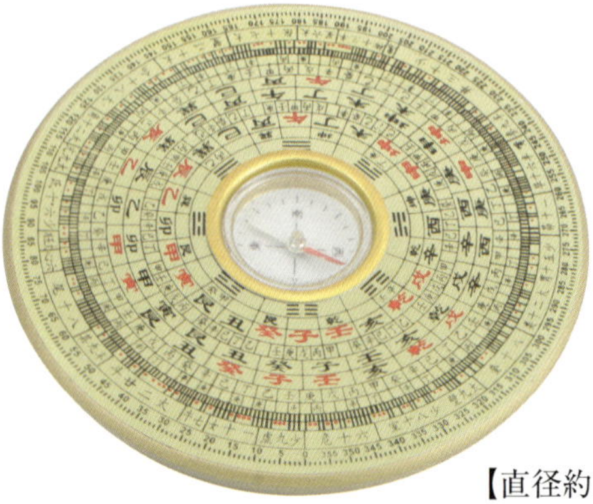

【直径約10cm】

風水盤（羅盤）　わずかな狂いも吉凶に響く！

風水を見る場合や風水判断をするときには方位を知ることが重要です。風水師は、風水盤（羅盤）を駆使し、方位に宿っている様々な「示唆」を知ることによって風水改善していくのです。大きな風水盤には三十以上の層があることから、一つの方角に対し三十通り以上の判断をすることができます。

しかし、これらを使いこなすには、風水の背景のすべてを理解しなくてはなりません。決して簡単に使いこなせるものではありませんが、風水に興味を持ったのなら、まず一台手にして勉強してみましょう。勉強するうちに理解できる部分が増えてくるはずです。

風水盤（羅盤）には「三元羅盤《さんげんらばん》」と「三合羅盤《さんごうらばん》」の二種類があり、寸法も様々なものがあります。本格的に勉強したいのなら、風水盤に三元と三合の両方が含まれている「総合羅盤」を選ぶと良いでしょう。

※風水盤（羅盤）の使用方法は、㈳国際・風水協会が行っている風水講座にて学ぶことができます。

風水盤（携帯用バッグ付）

交通事故や病気予防に！

正式な名称は「小羅盤」。小さくても本格的な風水盤です。携帯用バッグがついているので、ベルトにつけて携帯できます。外出先や旅先にこの羅盤を持って行くと、交通事故や病気になりにくいと言われています。

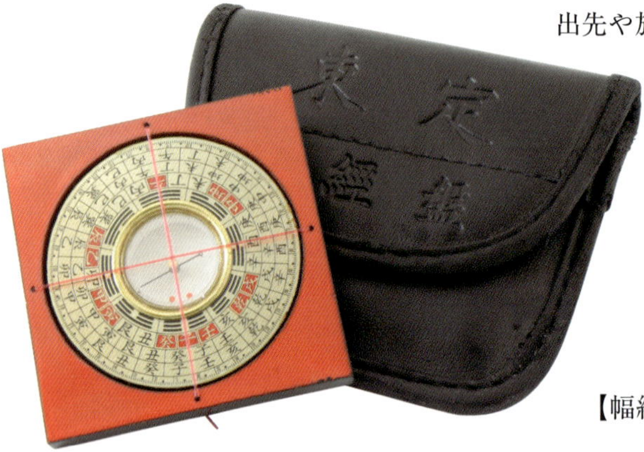

【幅約 6 cm】

化煞風水羅盤 かさつふうすいらばん

方位の吉凶が一目瞭然！

地図や建物の平面図の上に、この「透明羅盤」を乗せると、建物内のそれぞれ（各間取り）の方位の吉凶が判断できるスグレものです。正確な方位磁石を併用すると、さらに有効です。図面鑑定を行う時には、無くてはならない必須アイテムです。

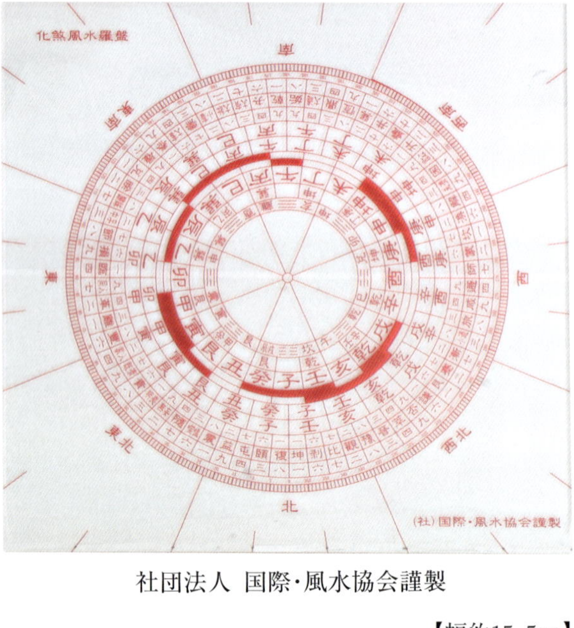

社団法人 国際・風水協会謹製

【幅約15.5cm】

吊り下げ羅盤（小羅庚《しょうらこう》）

飾るだけで気を安定させる！

飾るだけでプラスエネルギーを増幅させ、周囲の気を安定させてくれる効果がある吊り下げタイプの羅盤です。邪気や不浄の気（マイナスエネルギー）をブロックしてくれることから、トイレの出入口や水場、玄関に必須の化殺アイテムです。また、方位における凶殺を解消するパワーがあるので、鬼門と裏鬼門に飾り「鬼門封じ」に使用します。自動車などの乗り物に取りつけておくと、事故防止になります。

【全長約40cm】

コラム　運び屋

風水盤（羅盤）は非常に精密な道具です。移動中や保存中の衝撃や傾き、大きな揺れによって簡単に狂いやすいものなので、慎重に扱う必要があります。なぜなら、角度がわずか数度変わっただけでも吉凶が変化してしまうからです。

また風水盤は、たとえ同じ品物でも運搬方法によって価格が異なります。通常の輸入方法で届いたものは一般用ですが、プロ用のものは風水盤（羅盤）専門の「運び屋」の人が、産地から機内に手荷物として持ち込み、水平を保ちながら慎重に運んできてくれたものなのです。

魯班尺 ろはんじゃく

長さの吉凶を測る！

方位に吉凶があることはご承知の通りです。風水盤はその吉凶を判断する道具としてよく知られていますが、この「魯班尺《ろはんじゃく》」や「風水メジャー」は、長さの吉凶を判断する風水アイテムです。風水では方位だけでなく、長さにも吉の寸法と凶の寸法があると考えられています。

中国では、2500年以上も前から建築に欠かせない道具として、「魯班尺」が用いられてきました。中国建築はもちろんのこと、日本でも平安時代からの重要な建築物は、寸法の吉凶を計算して造られていると言います。「長さの吉凶」を発見したのは、孔子の弟子、十哲の一人である子夏《しか》の下に弟子入りした魯班《ろはん》という人物です。道教では「建築の神様」として、大工や彫刻師の深い信仰を今でも集めています。

「風水メジャー」は複雑な風水盤とは違い、使い方はとても簡単です。長さの吉凶を一目で判断でき、日常の様々な場面でも使いやすいので、風水アイテムの中でも人気があります。

まずはこのメジャーを使って自宅、オフィス、店舗の玄関（間口と高さ）を測ってみましょう。赤の文字で表示されているのは吉で、幸福がやってくる寸法。黒の文字で表示されているのは凶で、不幸が襲ってくる寸法です。吉の寸法なら安心ですが、もしも凶の寸法になっていたら、すぐに改善したほうが良いでしょう。

しかし改築するのは大変です。この場合、見せかけの寸法を吉の寸法にすることで解決できるので安心して下さい。たとえば、観葉植物を置いたり暖簾を掛けて間口の幅や高さを調整するのです。凶が吉の寸法になるだけで建物に良い気が宿り運気が上がってきます。

「風水メジャー」で、特に寸法を測ってもらいたいのは次のところです。吉の寸法になるように改善して下さい。

・家＝玄関、リビング入口の間口と高さ（内のりの寸法）
・店舗＝お客様やスタッフの出入口の間口と高さ、商品棚やレジ台の高さ
・レストラン＝椅子、テーブルの高さ、大きさなど
・オフィス、応接間、社長室＝入口の間口と高さ（高さは最も重要）

魯班尺（木製）

「風水メジャー」のルーツがここにあります。実際に使用されていた原型をかたどったものです。

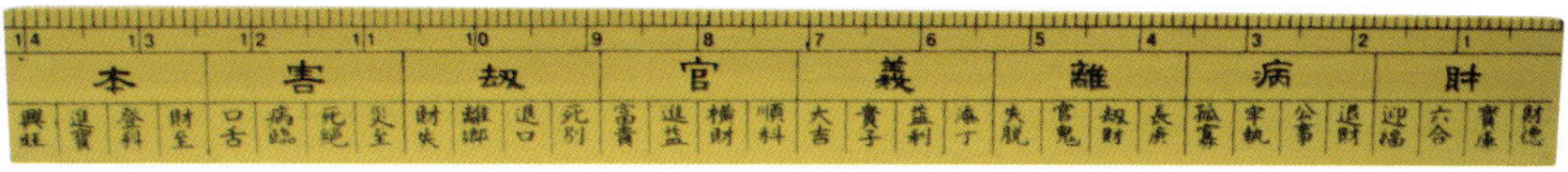

【長さ約43cm】

風水メジャー（魯班尺）

現代建築に欠かせない！

魯班尺を現代人に使いやすく作られたものが、この「風水メジャー」です。吉凶の判断がメートル法で簡単にわかるようになっています。

【幅約 8 cm】

［拡大図］

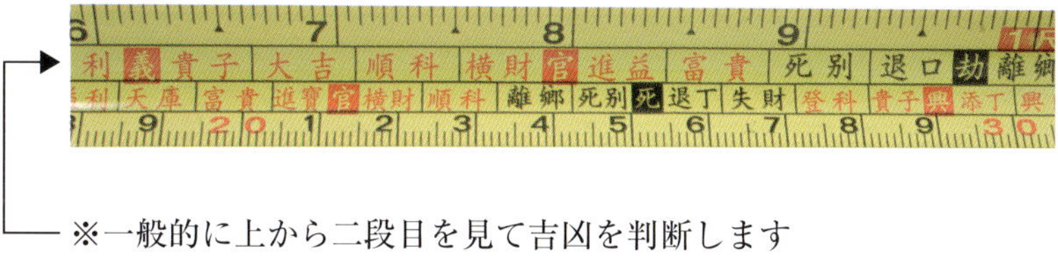

※一般的に上から二段目を見て吉凶を判断します

化殺風水・基本三大アイテム

風水では、長さの吉凶は風水メジャー（魯班尺）、方位の吉凶は羅盤（風水盤）を使って判断しますが、その結果、部分的に「凶」が出たとしても、現実的には簡単に引っ越しや建て直しができるわけではありません。そこで、長さの凶を吉に変換する「化《か》殺《さつ》好《こう》転《てん》風《ふう》水《すい》尺《じゃく》」と方位の凶を吉に変換する「化《か》殺《さつ》好《こう》転《てん》十《じゅう》二《に》方《ほう》位《い》牌《はい》」、さらに周りの気を安定させる「気の安定盤」の三点を使うと、風水環境を自ら整えることができます。この三点は、化殺風水アイテムの基本ツールと言えるのです。

化殺好転風水尺

寸法における凶作用をすべて改善！

玄関や出入口に取りつけることで、邪気の侵入を防ぎ、幸運に恵まれた建物を完成させることができる化殺好転アイテムです。

住宅や店舗、オフィスなどの風水的な環境を整える場合、「風水メジャー」を使って建物の様々な寸法を「吉の寸法」に調整する方法があります。ところが、すべての寸法を「風水メジャー」の「吉の寸法」通りに変えることはできません。そんなとき、この「化殺好転風水尺」を使えば、寸法取りの悪さをすべて吉に変えることができるのです。さらに、尺の両端には「太極」が入っているので、「すべての凶を吉に変換し、新しい物事を生み出す力」を発生させるようにできています。

この「化殺好転風水尺」を取りつける場所は、最も人が通行する場所（玄関、出入口）の床面や壁面が一般的ですが、家の中心に取りつける風水師の先生もいます。

【長さ約48cm】

化殺好転十二方位牌

方位における凶作用をすべて改善！

室内において「陰気・邪気・殺気・妖気」などの魔の侵入を防ぎ、すべての方位（十二方位）を安定させる風水最高のアイテムです。建物内にある玄関や水場の位置、家具のレイアウト、引っ越しをする方角やタイミングなど、昔から方位が重要視されてきたことはご承知の通りです。しかし現代社会では、理想的な方位に家具や設備をレイアウトしたり、良いタイミングに引っ越しすることは不可能な場合が多いのです。

「引っ越した途端に運気が落ちた」「トイレやキッチンが良くない方位にある」など、方位について困ったことがある場合、この「化殺好転十二方位牌」を取りつけるだけで、方位取りの悪さを改善してくれると言われています。

また、人生には引っ越しを余儀なくされることがあります。「転勤」や「事務所や店舗の移転」など、引っ越す方角やタイミングが良くない場合でも、引っ越さなくてはならないときがあるものです。そんなとき、引っ越し先や移転先の壁に、この「化殺好転十二方位牌」を取りつけるのです。

【桐箱入り　高さ約34㎝】
【本体　全長約46㎝】

気の安定盤

気の乱れを安定させる！

風水環境が整っている空間には良い気が流れているので、居心地が良く安心感を得ながら過ごせるものです。しかし、現代の住居やオフィス、店舗で「完璧な風水環境を整えている」と呼べるところは、まずないと言ってもいいでしょう。周囲の気が乱れていたり、凶の気が溜まっている場所がある建物がほとんどです。

風水には、こうした悪い環境を良い環境に改善させる化殺好転のアイテムがたくさんありますが、この「気の安定盤」は地場の乱れたエネルギーを調節して、その空間を安定させる効果があります。玄関の壁に掛けたり、室内に置くと家中の平安が保たれます。特に、家庭や職場の人間関係を円滑にし、良い関係を保つには最高の風水アイテムです。もしも、「家族関係が悪く口論が絶えない」「職場の人間関係が荒れている」と言うような場合には、「気の安定盤」をリビングなどの共有スペースに置きましょう。次第に気が安定し、温かい雰囲気が戻ってくるはずです。

化殺好転の働きでは、「趨吉避凶《すうきちひきょう》（吉を呼び込み凶を避ける）」の効果があります。入口から細長い廊下が続く「槍殺《そうさつ》」、出入口の正面に電信柱がある「穿《せん》心殺《しんさつ》」にも使います。

また、このアイテムには陰陽の働きを活発にするパワーもあり、早くビジネス効果を得たい場合には、客間に置くと「物事を生み出す力」が生まれ商売が繁盛すると言われています。

【幅約17cm】

先天八卦・気の安定盤

嫌なことを遠ざける！

「気の安定盤」（30ページ）に*先天八卦図が付加されたものです。「空間の気を安定さる」安定盤の効果に、「嫌な物事を遠ざける」八卦の効果がプラスされた強力なアイテムです。

人生にはいろいろな「嫌なこと」が起こります。自分に落ち度がないのに恨まれたり、ストーカー行為をされたり…。嫌な思いをしていると感じたら、この「先天八卦・気の安定盤」が有効です。先天八卦の効果でスピーディーな状況回避ができるようになるでしょう。

しかしながら「気の安定盤」に比べて、地場を安定させるパワーは欠けますから、状況が緩和されたときには「気の安定盤」に掛け替えて「先天八卦・気の安定盤」を黒い布に包んでしまっておきましょう。そして、また嫌なことが起こったら「先天八卦・気の安定盤」に取り替えて、この二種類を使い分けていくことが改運のコツです。「生姜に風水の剣を刺す方法」（98ページ）と併用されるとさらに「嫌な物事を遠ざける」パワーがアップします。

＊先天八卦図＝天地陽陰の気が融合して万物が生成される宇宙創造を図化したものです。

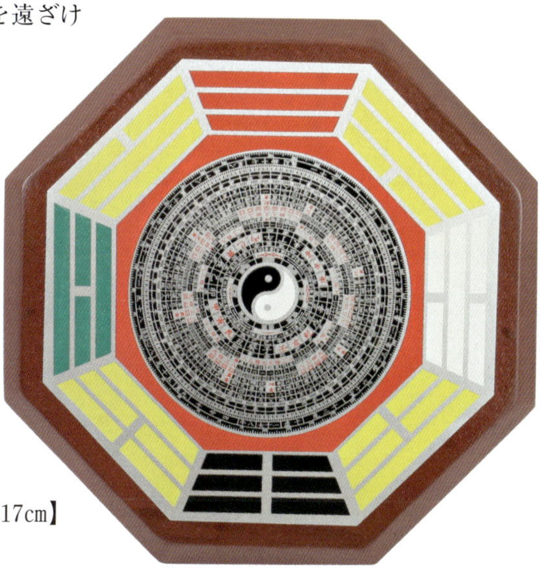

【幅約17cm】

ポイント…先ず、「先天八卦・気の安定盤」で嫌なことを遠ざけた後、「気の安定盤」で地場を安定させます。

八卦の使い方と効果

風水学では、四神相応《ししんそうおう》の地が最高の風水環境と言われていますが、建物の乱立する現代では、そうした環境を望むのはとても難しいことです。室内環境を整えても、建物の構造や隣接する建物から様々な邪気を受けることも多く、その障害から身を守るために、化殺風水の知恵は不可欠と言えるでしょう。

その化殺アイテムとしてよく知られているのが「八卦」です。昔からこの八卦は、殺気を祓い、化かし、殺してしまう効果があると信じられてきました。つまり八卦には自分自身が嫌だと感じるものを、すべて遠ざけてくれるパワーがあるのです。「易経《えききょう》」によると八卦は、八方、八節、八風を意味し、森羅万象、宇宙運行の最高の法則とされています。

日本で目にする八卦の代表と言えば、寺院などで使われる「卍（まんじ）」でしょう。この「卍」は、お釈迦様の胸に書かれていた梵字《ぼんじ》で、宇宙の森羅万象と自分自身の運命の法則を示していると言われています。

八卦を使ったアイテムには様々な種類があり、それは殺の種類や状況によって使い分けられます。いずれにしても八卦は、簡単に化殺好転できる心強い改運アイテムなのです。

※風水で一般的に使われるのは「先天八卦図」（31ページ）と呼ばれるものです。

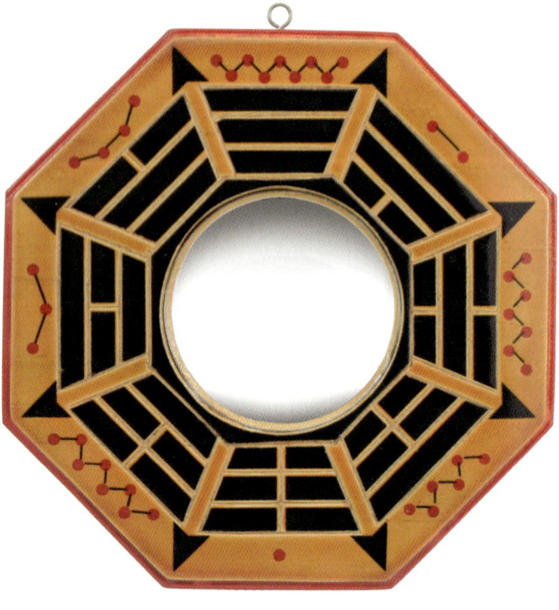

こちらの八卦鏡は凸面八卦鏡、凹面八卦鏡の２種類です。
【幅約21cm】

八卦鏡

地理的状況が及ぼす悪影響を解消する！

①凸面八卦鏡

向かってくる邪気や殺気をはね返し、プラスエネルギーを広範囲に散らして化殺するものです。これは陽の性質です。

●路冲《ろちゅう》（路地の突き当たり）
●稜角殺《りょうかくさつ》（尖ったもの、建物の角が向かってくる）
●天斬殺《てんざんさつ》（両脇に高いビルが建っている）
●高壓殺《こうあつさつ》（高層ビルなどの高い建物から受ける威圧感）
●煎刀殺《せんとうさつ》（出入口前に三叉路がある）
●穿心殺《せんしんさつ》、頂心殺《ちょうしんさつ》（電信柱、フラッグポール、大樹などが玄関前や窓の前にある）※建物の中に凹面八卦鏡をつけて陰陽のバランスをとります
●巉巖殺《ざんがんさつ》（階段状に幾層にも積み上げられた建造物が見える）
●開口殺《かいこうさつ》（玄関の正面にエレベーターの出入口がある）
●玄関を出て正面に上り階段がある

※天斬殺においては、屋根または屋上に「凸面八卦鏡」を使って、その横に室外タイプの換気扇を回して、気流を流すという方法で化殺好転することもあります。

②凹面八卦鏡

光を集める性質から、邪気を収束させて、もみ消す働きがあります。こちらは陰の性質です。

●牽牛殺《けんぎゅうさつ》（玄関を出た正面に下り階段や下り坂がある）
●門冲殺《もんちゅうさつ》、対冲《たいちゅう》（前の家と玄関が向かい合っている）
●鎌刀殺《れんとうさつ》（道路、橋、河川、立体交差などのカーブの外側に建物がある）
※凸面八卦鏡で化殺する場合もあります
●高速道路と同じ高さに住居や事務所がある
●住居、事務所の前や脇に大きな川（排水溝）が流れている

※凹面八卦鏡には像が逆さまに映ることから「照殺《しょうさつ》」と言って悪いものを反対に良くする効果もあります。凹面八卦鏡は化殺以外にも使用法があり、建物の周りの環境が良い場合には、良い気をたくさん取り込むために使うこともあります。

③平面八卦鏡

吉の気を集めて「陰気・邪気・殺気・妖気」などの魔を反射させる効果があり、忌み嫌う場所に取りつけます。気の乱れや侵入する殺を反射し、強運を招く住居に好転させる効果があります。

- ●墓地、葬儀場、病院、宮司のいない神社、仏閣、廃墟、薄暗い土地などが近くにある
- ●住居に欠けがある（方位による象意のパワーや運気をダウンさせる）
- ●一階に車庫や駐車場があり空洞になっている（気が乱される）
- ●二階部分がせり出している（気のバランスが崩れる）
- ●玄関扉と反対側の窓やバルコニーが一直線になっている（漏財殺《ろうざいさつ》）
- ●玄関を入ると真正面に階段がある（漏財殺）

※突き当たりの立地（路冲《ろちゅう》）にも、平面八卦鏡が使用される場合があります。
※八卦鏡は、侵入してくるマイナスの原因になるものに向けて吊り下げますが、龍や獅子のアイテムを併用すると、さらに化殺好転の効果が高くなります。

こちらの八卦鏡は凸面八卦鏡、凹面八卦鏡、平面八卦鏡の３種類です。
【幅約10.5cm】

コラム　気の流れを変えてしまう「鏡」

風水では、気（エネルギー）を跳ね返すために「鏡」を活用します。

ですから、「ここにあると便利！」といって気軽に「鏡」を設置すると、家中の気の流れやバランスが変わってしまい、良い気を跳ね返す恐れがあります。風水的な計画がなく「鏡」を設置するときは、「鏡」に映り込むように「天然水晶玉」や「レインボー水晶玉」を置いたり、吊り下げたりすることが大切です。

八卦太極牌

室内の魔除けに！

「八卦」は殺気を祓い、嫌な物を遠ざけ、悪いものから身を守ってくれるパワーがあります。「太極」とは万物を構成する根元的存在のこと。新しい物事を生みだすパワーがあります。この二つを組み合わせた八卦太極は、古来より様々なアイテムに使われてきました。さらに「銅」にも化殺効果があるので銅製で作られた八卦太極は、強力な魔除け効果のある風水アイテムです。

気になっている方位や場所、出入口などに飾ります。家の中心から見て、東北や西南にトイレなどの水場がある場合、その壁に飾ります。また、室内に張り出している柱や梁に取りつけると、殺気を解消してくれます。

表　【銅製　幅約６㎝】　裏

八卦鏡ペンダント（水晶鏡付き）

嫌なものを近くに寄せつけない！

すべての悪いものから身を守ってくれる純銀製の「八卦鏡ペンダント」です。八卦の中心には24金メッキの上に、ダイヤモンドカットを施した水晶の鏡がついています。ダイヤモンドカットされた水晶はエネルギーを拡散させるパワーが強く、このペンダントをいつも身につけていると、自分が嫌だと感じるものをすべて遠ざけてくれる効果があります。交通安全、痴漢やストーカー除けにも最適です。おしゃれに風水効果を取り入れたいという人におすすめです。

【純銀製　幅約2.5cm】

水晶八卦太極

魔除けと改運！

風水のお守りとして大人気の「水晶八卦太極」。財運、愛情運、仕事運などをアップし、人生を思う通りに導いてくれる効果があります。嫌なものをすべて遠ざけ、悪いものから身を守ってくれる八卦パワー、そして眠っていた潜在能力を引き出して、運気を活性化させる水晶パワーを手に入れることができる風水アイテムです。これを身につけるだけで、幸運気流に乗ることができると言われています。

チェーンをつけ、ペンダントとして身につけておくこともできます。若い女性が持てば、痴漢やストーカー対策になります。

また、車内の四隅に取りつけると、交通事故除けにもなります。さらに、金運や勝負運を高め、精神を安定させることもできるなど、万能の風水アイテムと言えます。

【天然水晶製 幅約3.5cm】

八卦眼球瑪瑙 はっけがんきゅうめのう

邪悪なものから身を守る！

「八卦眼球瑪瑙」は、自己の持つパワーを強める働きと最強の防衛性で、持ち主をあらゆる危険から守ります。古来より、邪気や邪悪なものから身を守る石として大切に扱われてきました。

「カッ」と見開いた大きな眼は、霊的現象をはじめ、周囲から受ける攻撃さえも断ち切ります。嫉妬や恨み、憎しみを受けていると感じているときは、この瑪瑙を身につけることが必要です。中国では憑き物にあった時に、この石で身体をなでて魔を吸い取る（降魔を呼ぶ）方法があります。

【全長約33cm】

八卦太極ステッカー

邪気を跳ね飛ばす！

自分が嫌だと思うものをすべて遠ざけ、邪気を跳ね飛ばしてくれる八卦。この「八卦太極ステッカー」を使えば、八卦のパワーをどこにでも簡単にプラスできるので便利です。自動車の交通安全や鬼門封じとしてもおすすめです。

【幅約8.5cm】

八卦太極のスタンプ

災いを避け、幸運を運ぶ！

手紙や封筒、名刺などに押して活用することで、吉祥の知らせが次々に舞い込んでくるようになります。日常生活、ビジネスシーンにおいて、あなたを活躍の場へと導いてくれるでしょう。

【大＝高さ6.2cm、幅約４cm
中＝高さ６cm、幅約3.2cm
小＝高さ６cm、幅2.6cm】

山海鎮平面鏡《さんかいちんへいめんきょう》 改運要素がオールインワン！

額に入った鏡の上に、龍気みなぎる山、生気に満ちた海、中央に八卦太極と神々の宿った霊符、日と月（陰陽）、明光、鎮宅、招財進寶、天官賜福など、すべての改運要素が盛り込まれた万能の風水アイテムです。

その効果は、①風水を整える②財運を呼び込む③良い人脈をつくる④神仏の調和⑤人生を幸せにする⑥邪気を祓う⑦家の悪気を鎮める⑧陰陽のバランスを取るなど、恩恵は無限大です。

「山海鎮平面鏡」を玄関やリビング、店舗、オフィスに飾っておくだけで運気が上がってきます。東北方位（山の象意）との相性が良いので、東北の壁に飾ることもおすすめします。平面八卦鏡（34ページ）の効果もあるため、八卦平面鏡として活用されるケースも多く見られます。

【幅23cm】

「龍」は不思議な霊力を持つ瑞獣として、歴代の皇帝からも畏敬の念をもって特別に扱われてきました。風水の環境を整えるためにも、龍の持つパワーは必要不可欠なものなのです!!

第2章

龍のパワーを最大限に活用する!

四神相応をおさえる

風水では建物を建てる場合、土地の吉凶を大変重視します。地相の良い場所には良い気が流れ運気も高く、そこに住むと繁栄して幸せになれるとされているからです。

その風水最良の吉地と言われているのが「四神相応《ししんそうおう》」の地です。これは、陰陽五行に基づいた考え方で、風水には各方位（東西南北）にそれぞれ守り神がいます。東に「青龍《せいりゅう》」、西に「白虎《びゃっこ》」、南に「朱雀《すざく》」、北に「玄武《げんぶ》」の四神が守り、さらにその中心を太極（陰陽）を表す匂陳《こうちん》と螣蛇《とうだ》が守っているとされています。

具体的には、北に山や丘陵があり、東に川が流れ、南に海や池、または広々とした平野が広がり、西に大きな道が通っている地形のことで、「龍脈《*りゅうみゃく》」と「龍《*りゅう》穴《けつ》」がもたらす最高の気を良い水（川や道など）が活発にさせ、砂（山や小高い丘のこと）が龍穴に集まった気を逃さないようにガードしています。この「四神相応」の地は、住居や都を置くには理想の地と言われ、平城京や平安京、そして長い繁栄をもたらした江戸も「四神相応」の思想から選ばれています。

しかし現代社会では、こうした吉相の地を求めることはほとんど不可能です。そこで環境改善の手助けをしてくれるのが四神のアイテムです。四神の置物や絵は、良くない地相を吉相に変える力だけでなく、財運アップや発展などの改運パワーを持っていると考えられています。これからの風水は、これら四神のアイテムを駆使し、住居や事務所、店舗などに四神パワーを積極的に取り入れることが大切です。そして、風水最良の地「四神相応」を作り出し繁栄を手に入れるのです。

＊龍脈＝大地のエネルギーの流れ道
＊龍穴＝龍脈が集結し、パワーの湧き出るスポット

風水における龍

風水には、ラッキーパワーをもたらすアイテムとして、四神をはじめ多くの吉祥動物が存在します。そのほとんどが想像獣ですが、中でも龍は特別な存在とされています。その理由は後で述べますが、龍は風水に限らず強い霊力を持

つ瑞獣《ずいじゅう》として知られ、実在しない生き物であるにもかかわらず、古くから世界各地に伝承されてきた不思議な生き物です。龍神様として親しんでいる日本をはじめ、東洋では龍を神の象徴としているのに対し、西洋ではドラゴンという悪の象徴となっているのも興味深いところです。

風水において、龍は四神の一つとして東方位を守り、財運出世をもたらす「青龍」として崇められています。しかし中国の人々は、風水が誕生する以前の太古より龍を崇拝し、富貴の象徴として大切に扱ってきました。そして、自らを「龍の子孫」と呼ぶほど身近な存在としているのです。

古代インドの仏典では、龍をこの世に存在する八種類の霊物「天龍八部《てんりゅうはちぶ》」（天、龍、夜叉《やしゃ》、乾達婆《けんだつば》、阿修羅《あしゅら》、迦楼羅《かるら》、緊那羅《きんなら》、摩呼羅迦《まこらか》）の一つである人面獣身の半神としていますが、中国では「九似《くじ》の相」といわれ、「角が鹿、頭はラクダ、耳は牛、眼が兔、項（胴体）は蛇、腹は蜃《しん》、鱗は鯉、つめは鷹、掌は虎に似る」という姿をしています。

この龍の特徴は、口元の長い髭と喉の下に逆さに生えた鱗です。韓非子《かんぴし》によると、この鱗に触れると龍は激怒して触れた人を殺すとあり、日本では「逆鱗《げきりん》に触れる」という言葉になって伝わっています。

また、位《くらい》があるのも龍ならではです。それは指の数で示され、五本指の龍は皇帝だけに許される皇帝専用の龍、四本指の龍は寺院仏閣や廟に許される龍、三本指の龍は一般庶民に許される龍と決められていました。指の数が多い龍ほど位が高いのです。

これは宋代以降に設けられた規制で、龍の使用を制限することで、皇帝の権威をより高めようとしたのです。これ以降、龍は皇帝の象徴とされるようになり、指の数で位を決めることによって、庶民が龍を信仰することも認められるようになったのです。このことからも、龍がいかに特別な存在であるか理解できるでしょう。

はじめにお話ししたように、風水において龍は特に重要な役割を果たす瑞獣です。それは地上に流れるすべてのエネルギー（気）は龍であると考えられているからです。「生気は大地にあって、万物を生む」という言葉に表されるように、大地から生まれるエネルギー（気）は、すべての生物に宿る生命の源であり、その源である龍は計り知れないパワーを持っているのです。さらに、土地の吉相を形成し、運気を左右する力をも持っているのです。

風水師が地勢を判断するときに「龍脈」を探すのも、こうした理由によります。良い気である生気は龍脈に宿り、その流れに沿って巡ると考えるからです。また、山脈を龍脈とする場合もありますが、これは山並みの起伏に富んだ姿が龍を思い起こさせることから、山岳信仰と龍への崇拝が一緒になった考え方と言っていいでしょう。この龍を徹底的に観察し、龍の環境を整えて運気を良くすることが風水師の役割なのです。

そして龍の力を利用するときに、忘れてはならないのが水の存在です。龍は普段、水中に生息していますが、春分になると天に昇り秋分になると再び水中の奥深くに身を潜めるとされ、地上にあるすべての水を管理して雨を自在にコントロールすると言われています。

水のあるところに龍がいると言われるほど、龍と水はとても深い関わりがあります。龍は水の力で活躍する生き物ですから、風水で龍の力を必要とするときには、水の使い方がとても大切になるのです。

まず、龍の性格を良く理解した上で、上手に龍を味方につけて下さい。そうすれば、龍は必ずあなたに幸運をもたらしてくれるはずです。

龍の種類と龍の効用

先ほど、龍はエネルギー（気）そのものであるとお話ししました。そして、「気は万物を生む」と考えられているように、中国ではすべての動物は龍から生まれたとされています。

つまり、「飛龍《ひりゅう》」が鳳凰を生み、鳳凰が鷹を生み、鷹が羽のあるものすべてを生みました。「応龍《おうりゅう》」は健馬を生み、健馬が麒麟を生み、麒麟がすべての獣類を生みました。「蛟龍《こうりゅう》」は鯤《こん》を生み、鯤は健蛇を生み、健蛇が鱗のあるものすべてを生みました。「先龍《せんりゅう》」は黿《げん》（おおうみがめ）を生み、黿は霊亀を生み、霊亀は貝殻のあるものすべてを生んだとされています。

いろいろな龍の名前があがりましたが、龍には姿や性格の違う、たくさんの種類がいるのです。龍の種類は、姿、性格、能力で大きく分けることができます。代表的なものは次の通りです。

①外見で分類する

- **蛟龍**…身体に鱗がある龍
- **応龍**…一対の翼を持つ龍
- **蟠龍《はんりゅう》**…昇天する以前のとぐろを巻いた龍
- **虬龍《きゅうりゅう》**…頭に角がある龍
- **螭龍《ちりゅう》**…頭に角がない龍

②気質で分類する

・**晴龍**…水を好む龍
・**火龍**…火を好む龍
・**鳴龍**…咆哮が得意な龍
・**蜥龍**《せきりゅう》…戦いを好む龍

③能力で分類する

・**天龍**…天から授かった総合的な能力を持つ、内側から湧き上がってくる力
・**神龍**…風を吹かせ、雨を降らせる能力
・**地龍**…湖・泉など地上のすべての水源を管理する力
・**護寶蔵龍**《ごほうぞうりゅう》…特別な宝物を保護する力

龍は様々なパワーを秘めていると言われていますが、高貴な気質を持つ龍は「貴人を招く」特殊な力を持っています。困難にぶち当たったとき、誰かの助けが必要なときに龍のパワーを利用すると、その境遇を改善するきっかけとなる人（貴人）を連れてきてくれると言われています。そして、その貴人を招く力で、人間関係のトラブルを解きほぐしてくれる効果もあります。もちろん、龍が助けてくれるのは本人が一生懸命に努力している場合で、あくまでもそれが前提です。

また龍は、「富貴吉祥《ふうききっしょう》」を象徴することから、財を招いて富貴を呼び込む力も持っています。さらに、強力なパワーとして知られているのは、邪気を祓う力です。

次に、龍のアイテムの具体的な利用法を紹介していきましょう。

龍アイテムの正しい使い方

龍の風水アイテムを上手に利用すれば、龍のパワーを最大限に活用することができます。龍の正しい置き場所は、玄関または部屋を入って右側、もしくは北方位です。ここに置くと、良い龍を呼び込み「富貴吉祥」を得て、財運や愛情運が上昇します。右に置くのは陰陽のエネルギー関係で、龍にとって右側の方が居心地がいいとされているからです。また、北は水を司る方位とされ、龍は水の力でパワーを得ることができます。そのため北に置く場合があるのです。

もし、間違った位置に置いたとしても心配はいりません。ただの置物となるだけで、龍が悪さをすることはありません。ただし、例外的に嫌うところもあります。龍は水の生き物なので電磁波と相性が悪く、テレビ、コンピュータ、冷蔵庫などの上に置いてはいけません。

また、床の間も嫌います。ここは高貴な方が座る尊い場所です。もし、床の間に龍を置く場合には「山水龍」など皇帝に仕える五本指の龍を置くようにしましょう。

ところが、龍の置物を東方位に置く場合があります。それは、西のエネルギー（気）が東に勝っている場合です。「四神相応」のところで説明しましたが、方位にはそれぞれ風水の意味があります。東の青龍位は「貴人」の場所で、友人や同僚の助力を招く吉方位です。反対に西の白虎位は「小人」の場所で、争いごとや敵の妨害を招く凶方位です。

人間関係を良好にして平和に過ごすには、家中の龍パワーを強くして、虎を威圧しておくことが大切です。そうすれば、龍が貴人を招いて他人の助力を得ることができます。しかし、白虎位の気が勝ってしまうと、人とのトラブルが増える「傷人之害《しょうじんのがい》」が心配です。もし自分が長時間過ごす場所が西側にあったり、部屋の東側が暗くてエネルギーが弱い場合には、銅製の龍や龍の壁飾りなどを東の青龍位に置いて、白虎の力とのバランスを調整します。

また、部屋はきれいに整理整頓して、龍に気持ちよく住んでもらうことが大切です。龍のアイテムでせっかく龍を呼び込んでも、居心地が悪ければ住みついてくれません。特に、キッチンやトイレなどの水まわりは重要です。ここが汚いと、水を好む龍は逃げてしまいます。

そして、龍には盃一杯の新鮮な水を毎日あげるようにして下さい。長期間留守にするときには、大きな器にたっぷり水を入れてあげましょう。もしも盃の水が減り龍が水を飲み始めたら、あなたの運気が上昇している証拠です。

　最後に、龍アイテムを扱うときに心がけて欲しいことがあります。それは必ず気に入った龍を選び、ペットのように愛情を持って可愛がってあげることです。少し汚れたら、やわらかい布で軽く拭いてあげたり、水をあげるときには「おはよう」と気軽に声をかけ、何か話したくなったら悩み事でも自分の夢でも何でも話しかけて下さい。龍はじっと耳をかたむけて、あなたに心を開いてくれます。そして、あなたの龍は元気に活躍を始め、強運をもたらしてくれるようになるのです。

改運・水盃　かいうん・すいはい

財運を集める盃

　龍に水をあげるための専用の盃です。龍は、水に関係の深い動物なので、水を与えると龍のパワーが増強します。新鮮な水を入れた盃を龍の口元に置き、毎日取り替えてあげることが大切です。すると、龍が活躍して様々な運気を確実に改善してくれるようになります。

　さらに、この盃には「招財進寶《しょうざいしんぽう》」と「金玉満堂《きんぎょくまんどう》」という財運を呼び込むメッセージが書かれているので、財運アップも期待できます。残った盃の水は玄関の外に撒いたり植木に与えるなど、捨てずに利用して下さい。旅行や遠方に出かける時など、龍にあげる水を切らしてしまう場合は、水盃のかわりに「水入り水晶」を龍の口元に置いてあげて下さい。

～水入り水晶とは～

　天然水晶が成長していく過程の中で、偶然にも水を封じ込めてしまった水晶で、数万個に１個程の確率でしか発見されない逸品です。

　封じ込められた水は、数千万年から１億年以上前の神秘のパワーを秘めた古代水です。

　水を好み、改運のために活躍する龍との相性が抜群で、龍の近くにこの水晶を置くと龍が一層元気に活躍すると言われています。

【銅製　高さ約5.5cm】

山水龍 さんすいりゅう

あらゆる運気をアップ！

山水の龍脈から降りてきた龍が、水晶の玉をつかもうとしている「山水龍」は龍の置物の中でも、最もパワーがあり位が高いとされる風水最高の龍です。この「山水龍」を自分の事務所、店舗、家に置くと「皇帝に仕える龍の中で最高の品格を持つ龍」が、龍脈を通って降りてきて幸運をもたらしてくれます。さらに、邪の気を浄化する水晶がドラゴンボール（龍珠《りゅうじゅ》）となり、龍の力をパワーアップさせるので、邪の気を好転させる化殺風水の効果も高くなります。

ただし、毎日新鮮な水をあげることが大切です。龍は水と関係の深い動物なので、小さな器に水を汲んで口元に置いてあげると、その水が龍に活気を与え、願いや希望、夢を叶えてくれます。水が減るようになれば、運気がアップしている証拠です。さらに、龍の口元に置いた水は「龍穴」と呼ばれる龍のエネルギーが集まるパワースポットを作り出してくれる働きがあります。「山水龍」は重量感があり、龍アイテムの代表と言えます。

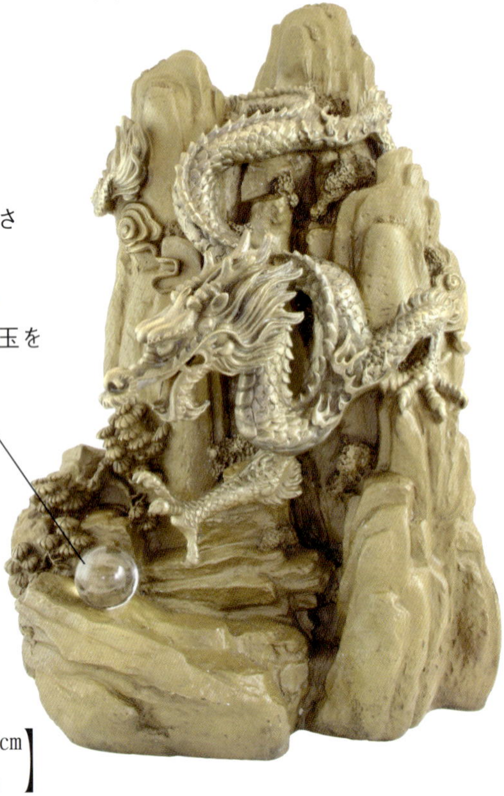

ドラゴンボールの大きさ
大＝直径約25mm～55mm
小＝直径約20mm～40mm
自分と相性の良い水晶玉を選ぶと良いでしょう。

【銅製 大＝高さ約36.5cm】
【銅製 小＝高さ約19cm】

願い龍《ねがいりゅう》

願いを込めれば運気もアップ！

「五本指の願い龍」は、手にパワーストーンの玉を持たせることができます。落ち込んでいる運気を上昇させたい、または特別な願い事がある場合は「水晶の玉」を、恋愛運や人間関係を良くしたい場合は「ローズクォーツの玉」を、財運アップには「金針ルチルの玉」や「タイガーアイの玉」に願いを込めて、龍の手に持たせましょう。木製の台座が付いていますので、その上にいくつかのパワーストーンを並べて置いても良いでしょう。

龍は、玄関または部屋に入って右側に置くのがベストです。この時、龍の顔は室内に向けます。専門の水盃など、小さな器に毎日新鮮な水を入れて口元に置きペットのように可愛がってあげると、あなたの願いを叶えるために、どんどん活躍してくれるようになります。

さらに、龍をパワーアップさせるために、「水入り水晶」（45ページ）を龍の近くに置くと、古代からの自然エネルギーを受けてきた水が龍にパワーを送ってくれます。

ドラゴンボールの大きさ
直径約20㎜

写真は左から水晶、ローズクォーツ、金針ルチル

【銅製 幅約20cm】

七星昇り飛龍（改運・宝物入れ）

七星陣の相乗効果で願いを叶える！

中国でも本来「皇帝」だけが使用することを許されていた「五本指の龍」が巻きついている龍柱。その中が空洞になっている宝物入れです。ここに宝くじや馬券、受験票、実印や銀行印、宝石類、治療用の薬、恋人の写真や自分がスマートだった頃の写真など、望みを叶えたいと思うものや大切なものを入れておきましょう。龍と七星陣のパワーが相乗効果を生み、きっと願いを叶えてくれます。（株券や通帳など、中に入らない物は柱の下に敷いておくといいでしょう）

上蓋に、水晶パワーを最大限に引き出すことができる「七星陣」が描かれ、中心に一個と周囲に六個の玉が置けるようになっています。中心に置かれた水晶玉は、柱に巻きついている「昇り飛龍」の龍珠（ドラゴンボール）となっており、二重にも三重にも龍のパワーを増幅させる仕組みになっているのが特徴です。置く場所は玄関を入って右側、リビングや自分の部屋に入って右側の場所が良いでしょう。

【銅製 高さ約17cm】

この「七星昇り飛龍」は、様々な使い方ができますので、以下に紹介します。

●龍柱の中に新鮮な水を三分の一ほど入れ、フタに描かれた「七星陣」に「天然水晶」を配置します。この水は一日に一回取り替えましょう。水を得た龍は、ますます元気に活躍してくれるようになります。

●龍柱の中に水を入れずに、「財」に関係する大切なものを入れるために使用します。例えば、「抽選日まで宝くじを入れる」「実印や銀行印を入れる」などです。この場合、龍に水をあげるための盃「改運・水盃」（45ページ）に新鮮な水を入れ、龍柱の近くに置いてあげましょう。

●上蓋の裏には、ネックレス等が吊り下げられるフックがついています。大切にしている宝石、貴石を入れることで、その石が本来持っているパワーを十二分に発揮できるようにしてくれます。

「七星昇り飛龍」の持つ潜在能力をアップさせる方法

●「龍の柱」の前に「龍に水をあげるための盃（改運・水盃）」（45ページ）を置いて、毎日水を取り替えてあげましょう。

●「龍の柱」の下に、古銭型「招財進寶」（111ページ）を敷くと、財を集める力がバージョンアップするといわれています。

●「天然水晶・七星陣」には20㎜玉が中心に一つ、15㎜玉が周りに六個で合計七個の天然水晶がセットされています。中心の玉はオプションで30～32㎜水晶玉まで乗せることができます。この場合、セットされていた20㎜の水晶玉はバッグの中などに入れて持ち歩くといいでしょう。

●恋愛運・異性運を強烈にアップさせたいときには、中心の玉をオプションで30～32㎜のローズクォーツ玉にすると良いといわれています。この場合もセットされていた20㎜の水晶玉はバッグの中などに入れて持ち歩くといいでしょう。

●財運を強烈にアップさせたいときには、中心の玉をオプションで金針ルチルの玉にすると良いといわれています。この場合もセットされていた20㎜の水晶玉は、バッグの中などに入れて持ち歩くといいでしょう。

笑龍 しょうりゅう

笑いが止まらないほどの運気を呼び込む！

のけぞって大笑いしているような、珍しい形をした龍です。

「笑う角には福来る」と言うように、「笑龍」は幸運の象徴です。龍の様々なパワーに加え、生活空間やあなたの人生に笑い（幸福）をもたらしてくれる働きがあります。手にはプラスエネルギーを集める天然水晶を持ち、龍にパワーを与えています。このパワーが、あなたの願いを実現させるための環境を作ってくれるのです。置き場所は、みんなが集まるリビングなどがおすすめです。家族が健康で、それぞれの人生が幸福になるように笑龍が見守ってくれます。

ドラゴンボールの大きさ
直径約30㎜〜45㎜

【銅製　幅約18.5cm】

公&母の一対

陰陽効果でパワー全開！

「雄の龍」と「雌の龍」が一対となった龍の置物は、華僑ビジネスには欠かすことのできない風水アイテムです。夫婦のもたらす陰陽効果で龍の持っているエネルギーを最高に高め、新しい物事を生み出すパワーを与えてくれる効果があるため、いつも新鮮なエネルギーを必要とするビジネスの場に最適です。さらに、公&母が向かい合うことで、その間にプラスの力強いエネルギーが集まります。公&母（一対）の龍は、その場にいる人々に、様々な幸運をもたらしてくれるのです。

【公&母＝長さ約31cm】

水晶を抱いた龍

改運の第一歩！

コンパクトにまとまった龍の置物です。コンパクトでありながらも、皇帝に仕える五本の指が龍の強さを象徴しています。室内に置くスペースが取れない場合に最適です。

「水晶を抱いた龍」は龍の胴体が空洞で、中に水晶玉を収めるようにできているので龍のパワーと水晶のパワーの相乗効果が大いに期待できます。改運の第一歩におすすめの風水アイテムです。

水晶は置いた場所を浄化する能力が極めて高く、その場の「気」が清められ「陰の気」（マイナスエネルギー）を「吉の気」（プラスエネルギー）に好転させてくれます。その水晶を龍の胴体に収めることで、龍のパワーがさらにアップし良い運気をどんどん運んでくれるようになります。

龍は水を好みますので、新鮮な水を毎日水盃に入れ龍の側に置いて下さい。水が使えない場合は「水晶のさざれ」（148ページ）を使う方法もあります。最後に、龍を置く場所は玄関または部屋に入って右側です。しかし、電化製品の近くはパワーが発揮できないので注意して下さい。

水晶を抱いた龍（小）（20㎜水晶付き）【銅製 高さ約５㎝ 台座＝高さ約２㎝】
水晶を抱いた龍（大）（20㎜水晶付き）【銅製 高さ約８㎝ 台座＝高さ約1.5㎝】

三本指の祥瑞龍

邪気を防いで運気上昇！

良運を呼び込む「気のルート（龍脈）」を作り出す化殺風水アイテムの中で、最も基本となるものが「三本指の祥瑞龍」です。室内に置くことを基本とし、それだけで運気を落とす邪気の侵入を防ぎ、龍の流れるような体＝龍脈にのって入ってくる良質のエネルギーで、すべての運気を上昇させてくれます。「良い人との出会いや良好な人間関係を保ちたい」「ビジネスシーンで競争に勝ち抜くパワーを得たい」など自分自身をより改善したいと言うときに効力を発揮し、改運と財運をアップさせてくれる効果があります。ただし、この龍の持つパワーを最大限に活かしたいなら、水槽の右側、もしくは水槽の上に置く、海や川やプールのある方向へ頭を向けて置くなど、水のある場所に置くことがベストです。難しい場合は、小さな器に新鮮な水を入れて口元に置いてあげましょう。また「八宅風水学」で「水」の方位に当たる北方位に置くと財運が開けます。「金色」にするか「古銅色」にするかは、あなたが可愛がってあげられる龍を選んで下さい。

【古銅色＝長さ約22cm】

【金色＝長さ約22cm】

【古銅色（大）＝長さ約26cm】

水晶を掲げた五本指の龍

新しい夢を実現してくれる！

五本指の龍は皇帝に仕える龍の象徴です。この龍は、「新しく何かをスタートする」「事業を拡大する」「新企画を考案する」などチャレンジする前向きな気持ちに共感・共鳴し、あなたにパワーをもたらしてくれる心強い味方になってくれます。願望にあわせて、龍に持たせる水晶をかえると良いでしょう。大きさは、直径約20㎜のドラゴンボールを持つことができます。

【銅製 高さ約18㎝】

玉を掲げた五本指の龍

最強の運気をもたらす頼もしい存在！

力強くドラゴンボールを掲げている五本指の龍は「とにかく運を上げたい！」と、強く願う人におすすめの頼もしい存在です。可愛がるほどに、停滞している運を動かして最強の運気をもたらしてくれるでしょう。

生きがいや人生の目的をみつけたい人におすすめの龍です。

【大＝銅製 高さ約32㎝
小＝銅製 高さ約19㎝】

騰龍千禧の双龍

無尽蔵の力でパワー増幅！

五色雲（神仙道を意味する）より昇る一対の龍。五本指の二匹の龍が絡み合う様子は、古来より「騰龍千禧《とうりゅうせんき》」と呼ばれ、たくさんのラッキーをもたらすことで知られています。

二匹の龍は陰陽の働きを持ち、その場にプラスエネルギーを集め、生命力に溢れた新たなパワーを作り出してくれる効果があります。

両手に掲げる水晶はドラゴンボールとなって気を結集し、龍のエネルギーと水晶のパワーが渾然一体となり、無尽蔵のパワーをあなたに与え、素晴らしい改運をもたらしてくれるでしょう。

仕事運と家庭運、財運と恋愛運など複数の運気アップを望む方、また複数の事業を立ち上げている経営者の方々に、おすすめしたいアイテムです。二匹の龍に名前をつけて可愛がってあげて下さい。

ドラゴンボールの大きさ
直径約20㎜～50㎜

【銅製 高さ約21㎝】

ドラゴンハンドル（取っ手）

龍のパワーを味方にできる！

ドアのノブ（ハンドル）を、このドラゴンハンドルにするだけで龍のパワーを味方にすることができます。ドアを動かすことで、龍のエネルギーが躍動し運気をアップすることができるのです。

【真鍮製 長さ約28.5cm】

乾坤照寶の置物 けんこんしょうほうのおきもの

天・地・人！

「天の時を知り」「地の利を得て」「人の和を図る」これが風水の三原則です。大地は天に従いながら万物を生じ、天の法則に従って変化しています。この「乾坤照寶の置物」の中に存在する龍は、大地を流れるエネルギー「龍脈」の象徴です。

この「乾坤照寶の置物」を回転させ動かすと、天の気を呼び起こし、地の気（龍脈）を躍動させることができます。最後に人の手によって動かすことで、「天・地・人」と言う風水の三原則がすべて整えられあなたの思い描く理想の人生を手に入れることができるようになるのです。

【銅製 高さ約34cm】

三点セット壁飾り

幸運を呼び寄せる！

二匹の龍とドラゴンボール（火の玉）がセットになった壁飾りは、ビジネス運や商売運を高めるのに最適です。向かい合わせの龍（向龍）は、運を龍に乗せ天に向かって向上させてくれるラッキーアイテムで、どんなときでも前向きな気持ちをキープすることができるようになります。取り付けも簡単です。陰と陽の象徴である龍と鳳凰を組み込んだセットもあります。

【左右各＝長さ約42cm】

龍の円盤・龍鳳の円盤

壁掛け用の龍アイテム！

龍の円盤は「富貴吉祥」を呼び込む風水アイテムです。この円盤を家や仕事場の壁に掛けるだけで、富貴吉祥のパワーが邪気を追い払い運気をアップさせてくれます。置物などを飾るスペースがなくても手軽に利用できる便利な風水アイテムです。「龍＆鳳凰の円盤」には、物事を生み出す力があります。新しい出会い、仕事の発展に効果的です。

【直径約27.5cm】

【大＝直径約27.5cm 小＝直径約23cm】

水の踊る鍋

招福・改運・吉祥を呼び込む！

龍の舞い降りる龍穴を作り出す風水アイテムです。この青銅の鍋に新鮮な水を入れて、真鍮の取っ手を両手でこすると、鍋の中の水が動き出し、龍の鳴き声と共に水しぶきが上がり始める不思議な鍋です。この水しぶきは、龍が出入りをしている証拠だとされています。このように人工的に水を動かし、地上に龍穴を作り出すことで招福、改運、吉祥を呼び込むことができるのです。中国歴代の皇帝が密かに愛用していたと伝えられる秘蔵の逸品です。

【直径約44cm】

向い龍の描かれた大型シルク扇子

商売運をアップさせる！

シルクの大型扇子に、金色の向い龍が描かれています。向かい合わせの龍（向龍）は運を龍に乗せ、天に向かって向上させる働きがあります。特にビジネス運、商売運をアップさせてくれるので、事務所や店舗のインテリアとして飾るのがおすすめです。

【大＝幅約152cm　小＝幅約100cm】

龍のペンダント

あなたの運気を好転させてくれる！

水晶は「水の気」の性質を持ち、地球上に存在するエネルギーのバランス調整をしてくれる効果があります。身につけることで、自分自身にとってのマイナスエネルギーを吸収し、プラスエネルギーを増幅することから、様々なストレスを解消し、潜在能力（自分の中に眠っている本当の能力）を引き出してくれる効果があります。

一方、龍は大地を流れるエネルギー（龍脈）の象徴で、計り知れないパワーを持っていると言われています。そして、龍は「水」の力を得て初めて躍動することができるのです。「水晶玉に絡みつく龍」や「水晶に彫刻された龍」は、水の力を得た龍そのものです。この龍のペンダントは、あなたに元気、勇気、活気を与え運気を好転させてくれるのです。

天然水晶玉に絡みつく龍

【直径約2.2cm】

ルチル入り水晶に彫刻された龍

【幅約2.3cm】

龍の彫刻

龍神パワーが宿る！

数千万年から数億年もの長い間、地球のエネルギーに抱かれ、大地のパワーを吸収しながら育ってきた水晶やパワーストーン。その水晶やパワーストーンに、人の手をくわえることでエネルギーを高めると言う手法が、古来より研究されてきました。特に一体一体精魂込めて彫刻される形には、完成されるまでの過程の中で魂が宿ると言われています。一彫り一彫り彫刻された龍には、まぎれもない龍神のパワーが宿っているのです。それは、世界に一つしかない「あなただけの龍」です。あなたに出会うために、龍の形に彫刻されたと言っても良いでしょう。その龍のパワーを最大限に生かすためには、心から可愛がってあげることが大切です。「富貴吉祥」を得た龍は、絶えることのない活気を、家や会社にもたらしてくれるようになるのです。

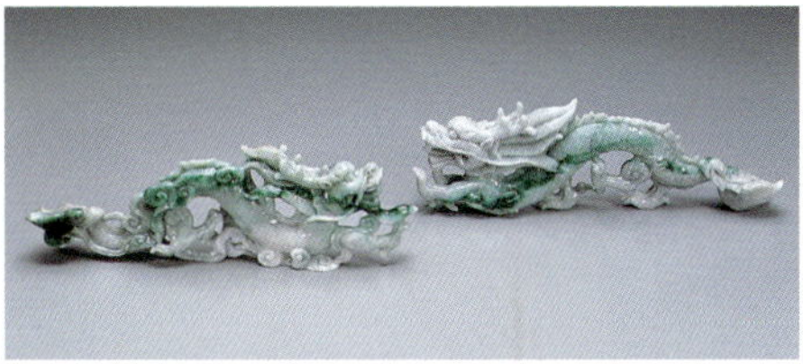

【天然翡翠　各幅約23cm】

【ルチル入り水晶　幅約44cm】

【天然水晶　高さ約29cm】

天然水晶を数カ月かけて丁寧に彫り込んだ逸品！
一彫り一彫りに改運の思いが込められています。

コラム　七星陣でパワーアップ！

七星陣とは、天運と地運の法則をもとに設計された形で、その形に配列されたものは、パワーやエネルギーを最大限に引き出し「改運させるパワー」を強烈に高めることができると伝えられています。中国北京にある「紫禁城」の大和殿玉座（皇帝様の座る専用の椅子）の真上（天井）にも、この七星陣の形を見ることができます。

その形は、二つの正三角形を上下に組み合わせた時にできる、六つの頂点を持つ「星形」で、▽下に向かっている三角形が「天から地に向かうエネルギー」をあらわし、△上に向かっている三角形は「地から天空に向かうエネルギー」をあらわしています。この六つの頂点に、それぞれ一つずつ水晶やパワーストーンを配置します。そして「正六角形」の中心に周囲よりも大きな水晶やパワーストーンを配置するのです。

その七ヶ所に置いた「水晶」や「パワーストーン」のエネルギーが共鳴し、「改運させるエネルギー」が強烈に高まります。その絶大なるエネルギーは、あなたの運命を変化させ、必ず改運へ導いてくれます！

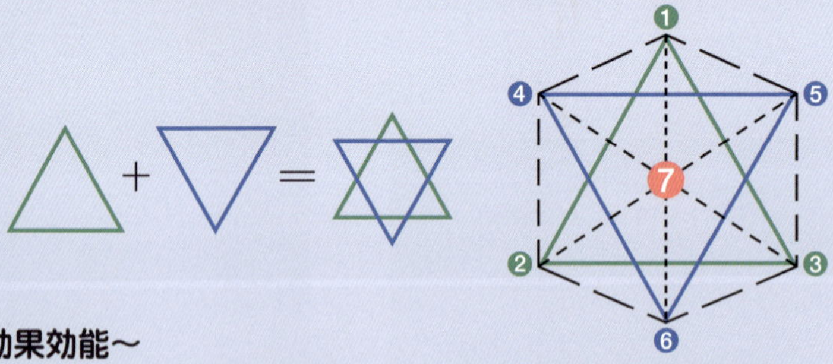

～効果効能～

- **無色透明水晶**…すべての運気をアップさせ、良い気を増幅させる
- **レインボー水晶**…心が純粋になり、あらゆる願望を実現に導く
- **金針ルチル水晶**…金運・財運・ギャンブル運が強烈にアップする
- **ローズクォーツ**…若さと美しさをキープし、恋愛を成就させる

※詳しくは「誰も書かなかった!! パワーストーンブック」（コスモトゥーワン刊）のＰ46～Ｐ49を御参照下さい。

第3章

動物パワーで強運をつかむ！

風水には、龍のほかにもたくさん動物がいます。その動物たちは、それぞれ独自の個性とパワーを持っています。本章では、動物たちが持っている意味と効果、そして活用法を紹介します。

究極の最強アイテム　四神相応とは

中国文化圏では、古くから「皇帝」をはじめ「主人」や「長」のつく地位にある人は、南を向いて座るのが良いとされてきました。この文化は日本にも伝承され、古来より「貴人は南面す」と言われていたのです。

主人が南に向いて座れば前面は当然のごとく南となり、南にいる「朱雀」が前方や将来を見通して情報を集め、主人に伝える働きをします。主人の右手の西には、凶暴な虎を手なずけた「白虎」を配しています。そして、主人の左手の東には、飛躍し、主人の運気を上げる「青龍」を置いているのです。最後に、後方の奇襲攻撃から身を守るために、亀の甲羅を山に見立てた「玄武」を北に置いています。

言うまでもなく、主人は最も活性化している中心に座します。この場所は「太極」と呼ばれ陰陽のエネルギーが入り混じり合っています。（風水では、勾陳《こうちん》と呼ばれる天馬と、螣蛇《とうだ》と呼ばれる空を飛ぶことのできる蛇で表されます）太極は、攻撃にも防御にも強く、内面を活性化させる働きがあり、新しい物事が生み出される最高の場所とされています。これが「四神相応」の考え方です。

風水では物件を見るとき、①周りの環境を観察して四神相応の地を探し出し、そこに住居を構える方法と、②すでにある物件に手を加え、四神相応の地になるように整備していく方法があります。①の方法は、現代では探し出してもすでに他人の所有地であることが多く入手するのが難しいので、②の方法を取るのが一般的です。では、すでにある物件を四神相応の地になるように整備する二通りの方法を紹介します。

Aまず、家や部屋の中心に立ち、メインの出入口の方角を「南」とみなします。必然的に右手側は「西」、左手側は「東」、出入口の対面は「北」になります。この各方位（東・西・南・北）それぞれに四神のアイテムを置きます。こうすれば「四神相応」の地を自分自身の手で簡単に作り出すことができます。

B家や部屋など、物件の中心に正確な磁石（羅盤）を置き方位を確認します。「真南に朱雀」、「真西に白虎」、「真東に青龍」、「真北に玄武」を配します。この場合、どんな障害物があっても、それを無視して下さい。そして、磁石（羅盤）の針が示す方位に必ず四神のアイテムを置くことが大切です。

このBの表現は理論上のことで、現代社会ではさまざまな外的要因により磁石が正確に「北」を指さないことも多い。その場合は、住宅地図等で正確な方位を知ることが必要です。

ＡとＢのどちらが効果的かは、物件によって異なります。風水師の先生に相談されると正確に配置できますが、自分で実践する場合はＡの手法が気軽にできるでしょう。実践後、あまり効果が実感できなければ、Ｂの手法にチャレンジしましょう。これをDo it yourself Feng-shui（D.I.Y風水）といいます。

八卦太極四神盤

風水最高のパワーが宿る！

銅製の盤に、八卦太極と四神獣が刻まれた置物です。太極八卦は嫌なものを遠ざけ、新しい物事を生み出すパワーがあります。その周りを四神獣が守ることで、バランスの取れた風水環境を整えながら幸福を招き入れる効果があります。室内に置くことで、住居に風水吉相の土地がもたらす発展のパワーが宿ります。

銅盤の周囲に彫刻されている「帯飾り」は「如意」という伝統的な文様です。正式には「吉祥如意」という四文字熟語で表現され、吉祥（ラッキー）が如意（思い通り）になるというデザインなのです。玄関やリビング、書斎の机の上、デスクの引き出しの中など、置き場所は様々です。また、この盤を置き台にして、盤の上に水晶や風水アイテムを置けば、そのアイテムの持つパワーを最高に引き出してくれます。その人の「桃花方位」に置いて、上に桃花瓶（131ページ）を置けば異性運がアップします。香炉（132ページ）を置いて香を焚けば、その場の気を浄化して邪気を寄せつけないようにしてくれます。

【銅製 幅約20cm】

四神相応セット

最高の風水環境をお部屋に！

みなさんは奈良県で発見された七世紀末から八世紀はじめに作られたキトラ古墳をご存知でしょうか？最近の研究で、石室の南の壁には朱雀、北の壁には玄武、東の壁には青龍、西の壁には白虎の四神が描かれ、天井には太陽と月、そして天文図が描かれていたことがわかりました。四神を配置するのは中央の玉座とされる「太極」の陰陽バランスを整え、エネルギーを活性化するためです。

この例をもとに、私たちの住居にも積極的に四神の力を取り入れたいものです。まず、自宅の間取り図を見て下さい。手元に無ければ自分で図面を起こしてみましょう。バルコニーは無視して結構です。家の中心を確認したら家の東、西、南、北に印をつけます。キトラ古墳のやり方で南に朱雀、北に玄武、東に青龍、西に白虎を配置して下さい。

四神を正しく置いて四神相応の地を招き入れましょう。環境を整え自ら運気を作り出すことで、健康運、財運、人間関係などすべての運気を良い方向へと導くことができるのです。

青龍（東）

朱雀（南）

【天然水晶彫刻の四神相応セット】

白虎（西）

玄武（北）

【天然水晶のため大きさは不同
基本的には高さは約７㎝】

玄武
（北）

白虎
（西）

青龍
（東）

朱雀
（南）

【銅製　朱雀＝高さ約８㎝】【銅製　玄武＝高さ約7.5㎝】
【銅製　青龍＝高さ約８㎝】【銅製　白虎＝高さ約8.5㎝】

青龍 せいりゅう

青龍とは本来、主となる山が北方位（背後）にあり、龍穴の前面を南方位とした場合、その東方位にあたる山並みのことを言います。くねくねと蛇行して伸びる形が最も理想的とされ、その姿は躍動感のある力強い龍を象徴しています。また、川の流れも龍の象徴とされています。

陰陽五行説で東方位は「青」を示すことから青龍と呼ばれています。

青龍の置物

財運出世を司る！

東方位を司る神、「青龍の置物」です。東方位を活性化させると、財運出世や地位をもたらし、その効果は子孫にまで繁栄すると言われています。また、進出力や新規力、想像力をアップしてくれる効果もあります。

「青龍の置物」は、風水最高の地を作り出すために「四神相応」の神として活用されますが、他の龍アイテム同様の効果もあります。「青龍の置物」を活躍させるためには、毎日新鮮な水を龍の口元に置いてあげて下さい。

※青龍よりも白虎のパワーが強すぎると人間関係を悪くする恐れがあるので、白虎の置き方に注意してバランスをとることが大切です。

東方位が司る象意

- 新規力
- 創造力
- チャンス
- 才能
- 成功
- 勇気
- 活発

【銅製 高さ約8㎝】

朱雀 すざく

陰陽五行説で「火」を象徴する朱色をした美しい朱雀は、南方位を守る瑞鳥です。そして夏を象徴することから、不死鳥である火の鳥（フェニックス）とも言われています。

朱雀は、四神の中で最も前方に座し、高所よりはるか彼方の様子を見渡します。つまり、そこで行なわれる（遠方）事柄の情報を収集する能力、将来展望の正確さをもたらしてくれる能力があるのです。風水環境においても、朱雀が飛び立ちやすいように前方の空間を広くとるように指導されます。朱雀は、架空の動物の中でも著述や絵画が非常に少ないため、残念ながらその姿は謎に包まれています。

朱雀の置物

家運隆盛を授けてくれる！

南方位を司る神、「朱雀の置物」です。大空に飛び立つ、舞うような姿が理想とされています。南天に昇る太陽を象徴し、光の輝きですべてを明るく照らしてくれることから、生活空間に快適さを与え、家運隆盛を授けてくれる効果があります。心身をも充実させパワフルな人生を送れるようになります。また、南方位を活性化させると地位名誉運、人気運、芸能運がアップします。

南方位が司る象意

- ●地位名誉
- ●人気運
- ●学芸運
- ●芸術
- ●アイデア
- ●知性
- ●実行

【銅製 高さ約８㎝】

白虎 びゃっこ

人間は古来、虎を恐れる一方で、その威圧感と勇敢さを崇拝してきました。風水では白虎が西を守るとされ、四神の中で唯一、凶性を表す瑞獣です。使い方を誤ると、人間関係に害を及ぼすことがあるため、用いる場合には置き方に注意が必要です。

そのため、虎の置物は自分の座席の右側に置いて、対面している相手に虎を飼い慣らしたようなイメージを抱かせます。また、家の玄関や事務所の入口などに置いて、守衛の役割をさせるのが一般的です。そうすることで、殺気の侵入を妨げるだけでなく、権威や闘争心を自分に移し替えることができるので、リーダーシップを必要とする人には最適な風水動物です。

虎の置物

ライバルに打ち勝つ！

西方位を司る神「虎の置物」です。虎は、親子間や夫婦間を守る動物と言われ、玄関や居間など家族の共有スペースに置くと、親子や夫婦関係の改善をはじめ、人間関係を安定させてくれる働きがあります。

しかし、寝室や個室に飾ると凶獣となるので避けて下さい。置く場所は家（部屋）の中心からみて西の方位、もしくは玄関から中に向かって左側に置くようにしましょう。

※龍の置物は玄関から中に向かって右側に置くのが基本です。

西方位が司る象意

- ●金銭運
- ●恋愛運
- ●楽しみ
- ●豊かさ
- ●歓喜
- ●親しみ
- ●人情

【銅製 高さ約8.5㎝】

玄武 げんぶ

亀に絡みつく蛇を象徴するこの瑞獣は、想像上の動物で玄武と言います。

風水において、玄武は北方位を守る瑞獣とされています。背後からの攻撃を防ぐ守りの役割があります。そのため中国の皇帝は北を背にして座り、その後ろに亀と蛇の二つの置物を組み合わせて置いていたと言われています。

玄武が奇妙な姿となったわけは、亀（玄）は玄武の胃が、蛇（武）は腸が姿を変えたものであると言う道教の逸話にあります。その話から、道教の世界では「玄武《げんぶ》玄天上帝《げんてんじょうてい》」という最高位の神の一つとして玄武を崇拝しています。

「悪霊が憑いた時に祓ってもらう」「予期せぬ攻撃から守ってもらう」など、今尚、深い信仰を受け続けているのです。

玄武の置物

後方の守り神！

北方を司る神、「玄武の置物」です。北の方位や玄関から一番遠い場所に置くことで、悪霊を祓い、災いを除けてくれる守護神になります。

後方を守る働きから、机の後ろや書斎の椅子の後ろに置くと、ビジネスが問題なく進行しライバルや商売敵との競争が有利に展開すると言われています。

また、北の方位は陰陽五行説で「水」を象徴することから、火の気が強い所や紙類の多い倉庫など、火事の心配がある場所に置く場合もあります。

北方位が司る象意

- 夫婦関係
- 部下運
- 情熱
- 自由
- 平和
- 慈しみ
- 秘密

【銅製 高さ約7.5cm】

獅子 しし

百獣の王である獅子は、風水学においても代表的な「吉祥瑞獣《きっしょうずいじゅう》」とされています。中国の伝統的な宮殿や政府機関の正門の両脇には、必ず一対の大きな獅子像が置かれています。この獅子は、「威厳」と「不可侵」の象徴です。風水には「邪気の侵入を防ぐ」パワーを持った動物がたくさんいますが、中でも獅子のパワーは絶大と言えます。

また、獅子には二つの効能があるとされています。一つは「陰気・邪気・殺気・妖気」を祓う魔除けの効果、もう一つは事業運を高め財運を招く効果です。

邪気を祓う魔除け効果は、風水アイテムのなかでも最強と言われています。特に商店や事務所など、常に競争にさらされる場所には必要不可欠です。この場合、獅子は必ず屋外に向けて置くことが重要です。

一方、財運については、威厳のパワーで獅子を置いた建物や部屋の金運をアップさせてくれます。獅子を置く方角や向きは、どのようにしても構いませんが、やはり入口付近に置くのが一般的です。表口から裏口まで一直線に通路があるような場合や店舗の開口部が非常に大きいような場合は、過度に気が流れて財気が逃げる恐れがあります。このようなときは、表口と裏口の両脇に獅子を置いたり、開口部の前に置き財気を逃さないようにするのです。

中国語では獅子を「シーズ」と発音します。沖縄の「シーサー」は獅子の文化が伝来し、シーズがなまったものだと言われています。したがって、シーサーの使用目的は、中国の獅子とほとんど同じなのです。

【石製 大＝高さ約26.5cm 小＝20cm】

獅子の置物

邪気の侵入をシャットアウト！

獅子の魔除けパワーは絶大です。雌雄一対の「獅子の置物」は一般に入口を守り、あらゆる魔（邪気）が内部に侵入しようとするのを防いでくれます。特に道路の突き当たりに面している入口は、殺気が直撃してしまう凶相です。この場合、玄関脇に一対の獅子を置いて化殺することが大切です。

龍は室内に置きますが、獅子は室外に置くことで魔除けの効果を存分に発揮してくれます。玄関や入口に顔を外に向けて置くことが大切です。その際、入口を背にして左に雄を、右に雌を置くのが決まりです。これは陰陽五行説の「左青龍男、右白虎女」という教えによるものです。

獅子の効果は魔除けだけではなく、財運を招く最高のパワーも持っていますので、商売繁盛の願をかけるには最適な風水動物です。

【銅製 高さ約20cm】

※雌雄一対で活躍してくれる風水アイテムが破損した場合は、どちらが破損しても必ず一対で交換するように注意して下さい。

獅子牌 ししはい

強力パワーで邪気を祓う！

「獅子の置物」と同じように魔除けの効果がある「獅子牌」です。雌雄一対の獅子が置けない場合、代替用として使うことが多いアイテムです。獅子の顔にも迫力があります。「カッ」と見開いた眼、額の八卦太極、口にくわえた七星剣など強力パワーが結集しています。この獅子牌を玄関の両脇に掛けたり、壁に貼り付けたりします。

特に、「牆角《しょうかく》」(壁の角が向かってきている）や「屋角」(対面の屋根の角が向かってきている)、エレベーターの前に出入口があるなど、向かってくる殺を消すのに大変有効です。向かってくる殺に向けて「獅子牌」を取りつけて下さい。また獅子牌の小タイプは護身用に持ち歩けます。

虎と違って「傷人之害」といった他人に悪い影響を及ぼす心配がありませんので、家庭や仕事場で気軽に利用できます。

【銅製 直径約21cm】

表　　【銅製　幅約 4 cm】　　裏

【銅製　幅約 6 cm】

【銅製　幅約 6 cm】

獅子牌八卦 ししはいはっけ

陰気・邪気・殺気・妖気をストップ！

「獅子牌」と同じく、獅子の置物を置けない場合に活用するアイテムです。この獅子の額には八卦太極が刻まれ、口には七星剣をくわえています。玄関や出入口の両脇に設置することで、目に見えない「陰気・邪気・殺気・妖気」の侵入をストップさせることができます。また、暗い場所や暗い部屋など、運気を低迷させるおそれのある所に設置することで、魔を除ける働きがあります。

【陶器製　幅約18㎝】

【銅製　大＝幅約17㎝
　　　　中＝幅約12㎝】

マヨケッチ

邪気除けのお守り！

この「改運《かいうん》吉祥《きっしょう》避邪《ひじゃ》獅《し》子《し》頭《がしら》」、通称「マヨケッチ」は住居や店舗、事務所など自分の周りの環境を風水で整えた後に用いる魔除けアイテムです。玄関と鬼門（北東）、裏鬼門（南西）の三ヶ所に吊り下げると、邪の気が入り込まず良い風水環境が保たれます。

その他、気になっている方位や場所に吊り下げましょう。仕事場でも家庭でも、どこにでも使えますが、小さいタイプの「マヨケッチ」は、毎年取り替えるのが一般的です。

【幅約 8 ㎝】

【幅約30㎝】

馬

馬は瑞獣と言うわけではありませんが、とくに騎馬民族にとっては、日常の暮らしに欠かせない現実的で身近な存在でした。そして、馬は旺盛な生命力を象徴する動物で、財運を招き事業運をアップさせるパワーがあるとされています。財運をアップさせるためには置く場所が大変重要です。十二支の「午」にあたる方位、すなわち真南に置きます。

また、馬は主要な交通や運搬手段であったことから、移転や変動に関わることも象徴しており、この点では他のいかなる風水動物よりも優れた効果を発揮するアイテムとされています。

引っ越し＆移転

①引っ越し先が決まっていない場合…現在使用している玄関や出入口に「馬の置物」を置き、顔を外に向けます。

⇒⇒⇒最適な物件や移転先とめぐり合わせてくれる効果があります。

②引っ越し先が決まった場合…引っ越し先の玄関に「馬の置物」を置き、顔を室内に向けます。「馬の置物」を置いてから三日以上経過した後、引っ越しすると良いでしょう。

⇒⇒⇒住む人々に降りかかる災いを抑えてくれる効果があります。

③引っ越しが完全に終了した場合…「馬の置物」を南方位に移します。

⇒⇒⇒財運や事業運をアップさせる効果、親子関係を正常化させる効果があります。

【銅製　高さ約13㎝】

馬の置物

移転や変動をスムーズに！

移転、転勤、留学、進学、就職はもちろんのこと、配置転換や異動、転職、開業、マンションや公共住宅の抽選など、移転や変動に関わることには幅広く有効です。この場合には、部屋の「駅馬位《えきばい》」の位置に馬を置いて下さい。「駅馬位」とは「玄武壁＝北側の壁」と「白虎壁＝西側の壁」が交わる角とされています。

※ここで最も重要なのは、馬の顔を向ける方向です。移転や留学などに際して、すでに具体的な目標が決まっている場合は、必ずその方向に顔を向けて下さい。この場合、羅盤や方位磁石、地図を使って正確に方位を測ることが必要です。
まだはっきりした目標が決まっていない場合は、馬の顔を向ける方向に気を使う必要はありません。また、馬は瑞獣ではないので獅子や虎などの猛獣と一緒に使うことは好ましくありません。できるだけお互いの姿が見えない場所に置きましょう。

【銅製 高さ約20cm】

麒麟 きりん

中国に古くから伝えられる想像上の動物である麒麟は「吉祥仁慈《きっしょうじんじ》」の瑞獣と言われています。麒麟は、人格の優れた皇帝が出現すると、それを祝うために姿を現すと伝えられています。

その姿は鹿に似ていて鹿より大きく、蹄は馬に、尾は牛に似て、全身が魚の鱗で覆われ、頭に角が生えた一角獣、もしくは二角獣というのが一般的です。

また、麒麟は雌雄同型が多く見られ、麒麟の「麒は雄」、「麟は雌」を指しています。

中国では、天子（皇帝）の象徴は龍、皇后の象徴を鳳凰、そして麒麟を武官の象徴としてきました。その性格は武官に相応しく利発で仁義を尊ぶことから、仁獣とも呼ばれているのです。

また、優れた子供を麒麟にたとえ、品位が高く、優しく、慎重で大人しく声は美しい音楽を聴いているようだという意味の「麟子鳳雛《りんしおうすう》」という古い言葉がよく知られています。

麒麟は、「鎮」の作用が強く、あらゆる災いごとを消して周囲の気を安定させてくれる化殺風水の代表的なアイテムです。収入の不安定（破産）や家庭内不和、夫婦関係、ビジネスでの人間関係トラブルなどを改善し、日常に起こるすべての問題を穏やかに鎮め、安定させたいときに活躍してくれます。

麒麟は平和を守るシンボルでもあります。トラブルの多い世の中で、自分の身を守るためにも、麒麟のアイテムを活用することをおすすめします。

【銅製 高さ約7㎝】

麒麟一対の置物

一対で最大限のパワーを発揮する！

雌雄一対のアイテムは陰と陽を表し、その交わりにより持っているパワーを最大限に発揮させることができます。前足で玉を抱いているのが雄、子供を抱いているのが雌です。リビングや玄関、ご夫婦の寝室、プライベートルームなどに置くと平安をもたらしてくれます。向かって右側に雄、左側に雌を置きます。

【銅製 高さ約12cm】

コラム えっ？？ 麒麟とキリン

中国明朝第３代皇帝の永楽帝に、アフリカ諸国からキリンが献上された。その姿・形は似ていなかったが、現地でキリンのことを呼んでいた言葉が、想像上の動物『麒麟（チーリン）』と非常に似ていた。そのため、永楽帝はキリンのことを大変珍重したという。麒麟は優れた皇帝が出現すると姿を現すというのだから、その時の永楽帝の喜びは大変なものだったに違いない。ちなみに現代の中国語ではキリンのことを『長首鹿』と呼んでいることも想像に難しくない。

麒麟の置物

あらゆるトラブルを解決！

この銅製の麒麟は、口の中に「十寶」（123ページ）を入れ、体には「真五帝古銭」（110ページ）を巻いて、願を掛けることができます。風水師によって一匹で使う人と、一対で使う人がいますが、まずは一匹から始めてみてください。

【銅製　高さ約14cm】

五帝麒麟寶《ごていきりんぽう》

トラブルを鎮め財力をアップ！

「五帝麒麟寶」の足元に象られた扇子と葫蘆で禍を封じ込め、家庭内のトラブルを速やかに解消してくれます。家庭に平安がもたらされると同時に、若さと健康が保たれます。室内に流れるエネルギー（気）を安定させてくれる効果があるためリラックスしたい場所におすすめです。さらに、「真五帝古銭」（110ページ）をプラスさせることで、財力アップが期待できる麒麟へとパワーアップしていきます。

【銅製　幅約13cm】

貔貅 ひきゅう

尾を巻いて髭を生やし、眼は突き出ていて角がある。そんな愛嬌のある姿をした貔貅ですが、どんな願い事も叶えてくれる優しい瑞獣で、漢の時代以前には「翼獣」と呼ばれていた想像上の動物です。特に財を集める効果は最も優れ、「偏財《へんざい》」を集めるならこれ以上の風水動物はないと言われるほどです。偏財だけでなく「正財《せいざい》」も一緒に得たい場合は、龍亀（84ページ）を一緒に置いてあげることが大切です。両方の動物を置くことで、蓄財の効果がさらに期待できます。

貔貅は室内に置きますが、必ず頭を玄関の方向へ向けることが重要です。そうすると、四方八方の財を家に持ってきてくれるのです。

一般的に貔貅は雌雄一対で置きますが、もし一匹だけを置く場合には雌を選びます。正面から見て左に雄を、右に雌を置くのが正しい置き方です。

貔貅をパワーアップさせる方法はたくさんあります。例えば「元寶」（121ページ）という中国の昔の金塊を入れると「源不絶招金進寶《げんふぜつしょうきんしんぽう》」のパワーが備わり、源が途絶えることなく金銀財宝を集めることができます。

まだこの他にも使い方はありますが、大きな貔貅の胴体にはたくさん物を入れられるため、これらを全部入れてお願いする人が多いようです。

貔貅はとても扱いやすい瑞獣ですが「眠たがりや」という唯一の欠点があります。この欠点を解消するために、首から「牛鈴」（83ページ）という鈴を吊り下げて、ときどきこの鈴を鳴らして起こしてあげましょう。

貔貅を置く場所に最適なのは、客間のテーブルやカウンターの上、レジ台の上、神棚、テレビの上などです。

貔貅は、可愛がれば可愛がるほど活躍する動物です。毎日必ず新鮮な水をあげ、「白檀」（134ページ）などのお香を焚いて清めて下さい。愛情を注いであげると、あなたのために大活躍してくれます。

気が優しくて力持ちの貔貅は、風水を研究していくと「最後には貔貅にたどり着く」と言われるほど、風水最高のアイテムです。

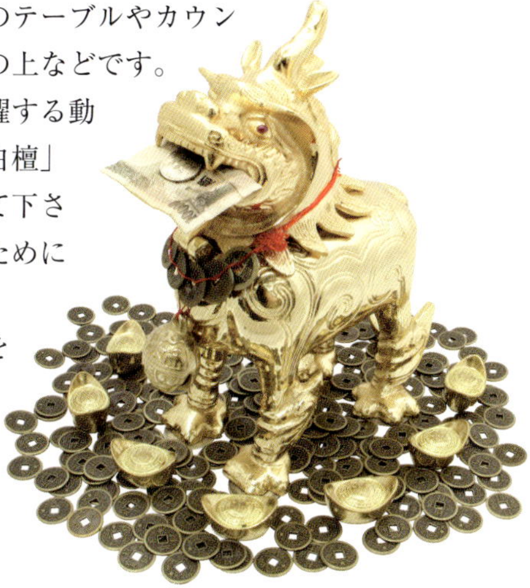

【高さ約11cm】

【高さ約11cm】

真五帝古銭牛鈴付き
【高さ約20cm】

【高さ約15.5cm】

【高さ約15cm】

偏財＝投資、銀行、株式投資などの金融業、麻雀荘、パチンコ店、ナイトクラブなどの水商売、ギャンブルなどに代表される変動のある財のこと。

正財＝汗水流しコツコツ稼ぐ金運、出世、昇進、昇格、商談や取引の成功など、努力に比例したビジネスによって得られる財運のこと。

【高さ約21cm】

【高さ約20cm】

牛鈴付き
【高さ約20cm】

牛鈴《ぎゅうりん》

眠れる財運を呼び覚ませ！

「眠たがりや」の貔貅を起こすために首にかける専用の鈴です。貔貅を飼うときには、必ず赤い紐に通した「牛鈴」を首に掛けてあげて下さい。また、鈴の音には邪気を祓う効果があります。玄関やトイレのドアなどに掛けるのも良いでしょう。牛鈴についている模様は「安泰を招く最高の力」という力強い意味を持っています。

【大＝直径４cm
中＝直径３cm
小＝直径1.7cm】

龍亀 ろんぐい

「龍亀」は体が亀で、顔が龍という風変わりな姿をした動物です。その姿の通り、龍と亀の両方の特質を持っています。龍亀は、龍の子孫で龍族の中に入ります。

風水では財運を確実にアップしてくれる動物として有名です。会社や店舗などビジネスの場に置くと、財が途切れることなくどんどん入ってくる「順利財《じゅんりざい》源廣進《げんこうしん》」の効果を発揮してくれます。龍亀の置物がラスベガスのホテルやカジノなど、客商売の入口に置かれているのはそのためです。商売を営む人には欠かせない風水アイテムと言えるでしょう。

また、神仏の近くに置いてあげると、財運の効果が絶大になると言われていることから、ビジネスの神様「関羽様」（118ページ）や「財神」（120ページ）とはペアで用いられます。

龍亀のパワーアップの方法として「水晶」や「十寶」（123ページ）を近くに置く、「真五帝古銭」（110ページ）を体に巻く方法があります。

また、龍亀には「貴人」を招き、白虎（小人《しょうじん》という、自分にとって不利に働く人物）を抑えてくれる効果もあり、良い人脈を増やしてくれる働きがあります。

さらに、邪気の継続に対する化殺作用もあるので、龍亀の置物を手元に置くことで、「良くないことが続く」「いつも何かにつきまとわれている」といった悩みを解消し、運を好転させる効果もあります。

他には、仕事や勉強をするデスクの上に置いておくと、あなたの日常行動をすべてバックアップしてくれるなど、「龍亀」は風水アイテムの中でも人気のある動物の一つです。

【銅製 高さ約6.5cm 台座＝高さ約２cm】

【銅製 高さ約11cm 台座＝高さ約２cm】

【銅製 高さ約6.5cm】

【銅製 高さ約17cm】

【銅製 高さ約28cm】

睚眦 やあず

龍は九匹の子供を生んだと伝えられていて、この子供達のことを総称して「龍生九子」と言います。

九匹の中でも七番目の子供「睚眦」は、古くから魔除けや武器の模様に用いられてきました。歴代の皇帝たちは必ず「睚眦」を手元に携えていたのです。

その目の鋭さで相手の殺気をにらみ殺し、そして呑み込んで消滅させてしまいます。家に置いておくと、家族にとって悪いものをバクバク食べて家庭内を守ってくれます。「睚眦」のエネルギーは最強で、強さは宇宙規模と言われています。荒ぶるすべての悪霊をも浄化してくれる最強戦士なのです。

さらに、左手で体を撫でると願い事を叶えてくれると言われています。ルチルクォーツ（金針入り水晶）との相性が良いため、この水晶を「睚眦」の近くに置いたり身につけてあげると、ますます喜んで働いてくれます。パワーを100パーセント引き出すためには、水を入れた水盃と塩（塩田の塩）を入れた水盃を「睚眦」の口元に置いて下さい。水は毎日、塩は月二回ほど取り替えます。

また、看護やマッサージなど人の体に触れる仕事をしている方、頻繁に人から相談を受ける方は、人から邪気（マイナスエネルギー）を受けやすいものです。そんな方には、携帯用がおすすめです。お出かけのときはカバンやポケットに入れて持ち歩き、ときどき取り出して左手で軽く握って下さい。

また、金運アップの効果も絶大です。ビジネスシーンや人生において、「ここぞ！」というときには必ず持ち歩いて下さい。

【石製 長さ約19.5cm】

【銅製　長さ約24cm】

【天然水晶製　幅約1.8cm】

携帯用

【銅製　長さ約６cm】

【天然翡翠製　長さ約20cm】

蟾蜍 せんじょ（三本脚のカエル）

この特殊な形をした蟾蜍は、中国語で三脚蟾蜍《さんきゃくせんじょ》と書き、脚が三本しかないのが特徴です。これは自分の前方と左右にある「財」をすべてかき集めるためだと言われ、財運をアップさせる専門の蟾蜍として、いたるところで使用されている人気アイテムです。

お金を山のように集めた上に陣取り、口にまでお金をくわえるその姿は、まだまだ財を貯め込もうとしているかのようで、りりしくも頼もしい財務担当官のようです。まさに財運アップに欠かせない風水アイテムと言えるでしょう。三脚蟾蜍は財運を飛躍的にアップしてくれますが、中でもビジネスを発展させる効果は絶大で、事務所や店舗の出入口に置くのが一般的です。

三脚蟾蜍を活躍させるためには、仕事の始業時に蟾蜍の顔を入口へ向け、仕事の終了時に室内へ向きを変えてあげます。そして、蟾蜍の頭を撫で一日の働きを労ってあげることが大切です。次第に額がテカテカに光り出し実力を発揮しだします。そうなると可愛くなって手放せなくなります。家の玄関や自分の部屋の出入口で飼った場合も同じです。仕事に行くときには顔を外に向け、帰ってきたら中に向けて労ってあげるのです。

実は、この蟾蜍には主人がいるとされています。それは「劉海蟾《りゅうかいせん》」という伝説の仙人で、本名は「劉海操《りょうかいそう》」と言います。そこで蟾蜍に「劉海仙人到《りょうかいせんにんとう》」と言うと、それまでくわえてきた金銀財宝を吐き出してくれると伝えられています。

【銅製 高さ約６cm 台座＝高さ約1.5cm】

【銅製 高さ約14.5cm】

【銅製 高さ約19.5cm】

蟾蜍の置物には、王様である「大王三脚蟾蜍」がおり、こちらは財運をアップさせるためだけでなく、人生のすべてを達観し超越したパワーが欲しいときに使います。三脚蟾蜍と一緒に並べて置くと、よりパワーアップさせることができます。

～三脚蟾蜍を更にパワーアップさせる方法～

三脚蟾蜍の下や周りに古銭型「招財進寶」「元寶」「十寶」などを数多く置くことで「財運を招く」パワーを増大させることができます。

亀

亀は、私たちにもなじみのある動物ですが、風水では龍や麒麟と同様に、瑞獣の代表的なものとされ、道教や仏教の寺院などの彫刻にも多く見ることができます。亀は日本でも中国でも「長寿」の象徴であり、家の中に亀を置くことは「吉祥」を置くこととなり幸運をもたらしてくれます。

また、亀の甲羅は凸面鏡（33ページ）のように弧になっているため、邪気をはじき返し、化殺するパワーがあります。同じ瑞獣でも龍や麒麟の風貌は威厳に満ちた覇気を感じさせますが、亀はその動作が緩慢なことから、どちらかというと愚鈍なものの代名詞とされることもあります。

しかし、中国には古くから「大智は愚かなるが如し」という言葉があり、本当に優れたものは、一見愚かに見えると言われています。これは太極拳や八卦《はっけ》掌《しょう》などの中国武術にも応用される原理なのですが、亀は邪気に対して力ずくで戦ってねじ伏せるのではなく、邪気の力を利用し、それを取り込んで中和させ吉祥へと導いてくれるのです。

その風水上の効果が非常にソフトでマイルドなので、老人や小さな子供、病人がいる家庭の邪気を払う場合などに活用されます。老人あるいは病人の枕元に、「亀の置物」を置いて邪気をはじき返し、吉祥の霊気を吐かせるということも行なわれます。

亀の動作は緩慢ですが、根気よく順を追って前進していく不屈の精神を象徴しています。それゆえ事業運、開業運アップに利用されるのです。昇進やセールスにおける販路拡大、独立開業などに幅広く使われます。

ただ、この場合は陶器製は壊れやすいため、事業の基礎が安定しないという見方から金属製を使います。金属製で最も効果があるのは銅製または真鍮製です。置く位置については金属製の亀の場合、陰陽五行説で「金」に属する西方位あるいは西北方位が良いでしょう。

また、亀を仏壇に飾ることで財運アップを図る方法があります。この場合、仏壇の左側手前に置きます。その際、玉《ぎょく》製の亀が望ましいのですが銅製でも問題ありません。ただ、金製品は避けた方が良いでしょう。仏壇の主役はやはり仏様だからです。

亀は吉祥動物として、あらゆる種類の邪気に対して有効であり、広く利用されますが、穏やかな効き目を持った亀特有の使い方もあります。

例えば、隣の家の状況がよくわからないけれど、エネルギーの強い開運アイテムを自分の家に向けて飾っているような気がする場合、または良くないエネルギーが流れてくるように感じる場合、その邪気を避けるために亀の置物を使います。方法は、亀を相手の家との間に一匹あるいは数匹置きます。そうすると、亀は自分からは邪気を発することなく相手の邪気をはじき返し、プラスに好転してくれるのです。

さらに、「亀の置物」だけでは風水上のパワーが不足する場合、「古銅銭」を併用してパワーアップさせる方法があります。この場合、小さな皿の中央に「亀の置物」を置き、その前後左右八方に八個の「古銭型・八卦」（111ページ）を置いて使用します。

亀の置物

殺を中和して解消！

日本では長寿の象徴として親しまれている亀は、風水では「邪気を祓う」化殺アイテムです。それは亀の甲羅が凸面鏡のように弧を描いていることから、部屋に生じた「殺」のエネルギーを跳ね返すと考えられているからです。亀のアイテムは主に「天斬殺」に使用します。天斬殺とは、両脇に高い建物があることから生じる殺気のことです。ベランダや窓から天斬殺が見える場合、その両側に一対の亀を置くと化殺好転できます。

また、室内のロフト（屋根裏部屋）には必需品のアイテムです。風水上、斜めの天井や梁からは生活空間を乱す好ましくないエネルギーが流れています。もしも、この天井の下で生活すると口論や口喧嘩が多くなって、気持ちの良い生活ができなくなるものです。そこで、こうした環境の調整に「亀の置物」を使うのです。

【銅製 長さ約５cm】

【銅製 長さ約10cm】

鳳凰 ほうおう

理想の異性に出会う！

孔雀をモチーフに生まれた想像上の美しい瑞鳥は、聖王が現れると、それを祝うために姿を現すと言われています。

そのため、「隆盛平安《りゅうせいへいあん》」を暗示する象徴として尊ばれてきました。鳳凰は「雄を鳳」、「雌を凰」と言い、姿は鶏に似ていますが全身が五色に彩られ、首の文様は「徳」、翼の文様は「義」、背中の文様は「礼」、胸の文様は「仁」、腹部の文様を「信」という文字に見ることができるのです。

また、鳳凰は「招貴人」の象徴です。生活に取り入れることで、自分の持っている魅力を周囲に伝達してくれる効果があります。鳳凰のアイテムを女性の部屋に飾ったり、身に付けていると、気品のある理想の男性に巡り合わせてくれる効果があると言われています。

※鳳凰のアイテムは通常、龍のアイテムと組み合わせて使用されることが特徴です。その場合、向かって右に龍を、左に鳳凰を配置します。

【鳳凰の円盤】

【直径約27.5cm】

【鳳凰の天然水晶彫刻】

【幅約2.3cm】

五福円盤（五匹の蝙蝠）

福来たる！

「蝙蝠《こうもり》」は、中国で別名、福鼠（福のねずみ）と呼ばれ、縁起のいい動物として大切にされています。五福円盤という五匹の蝙蝠を象《かたど》ったデザインは、有名な中国の古典的デザインで「五福臨門《ごふくりんもん》」と呼ばれています。これは「人生における五つの福（すべての福）を、自分の入口に集めてしまう」と言うことを意味しています。

〜五つの福〜

「長寿」… 命が長く福と寿が伴っていること

「富貴」… 財に不足感がなく、その人の地位が貴く尊敬されていること

「康寧」… 体が健康で心の中が安定し、心配事もなく穏やかなこと

「好徳」… 常に良い行いをすることができ、広きに渡って陰徳を積むことができること

「善終」… 臨終を迎えるときに心の中に引っかかるものがなく、安心して現世を離れることができること

このほかに庶民の間では、一般的に「福、禄、寿、喜、財」を五つの福とする考え方もあります。

また、蝙蝠は招福と同時に強力な化殺効果を発揮することができます。例えば、部屋の天井に張り出した横梁から受ける「圧殺」の解消に用いられます。

蝙蝠は活用する人の健康と運気を大きくアップしてくれる働きがあるのです。

【直径約28cm】

アロワナの置物

水の気を運ぶ財魚！

アロワナは中国語で「龍魚」と書きます。龍が権力と繁栄を象徴することから、華僑などを中心に人気の高い風水アイテムです。

アロワナの目と鱗は龍、体の形は武将が持っていた武器だと言われています。この武器の形を活かし、ビジネス運をアップさせるためにデスクの上や商談の場に置くと勝者になると言われています。

アロワナの最大の効果は、富とお金にかかわる運気にエネルギーを与え続けてくれることです。風水では、「財の気（財運）は風にのって運ばれてきて水によって止まる」と表現され「水の気」のある所に財運が集まります。アロワナは、龍と同じく「水の気」をもつ風水アイテムの代表です。アロワナのパワーを最大限に発揮させるためには、住居や会社の財方位に置いて毎日新鮮な水を水盃に入れ口元に置いてあげて下さい。「真五帝古銭」（110ページ）との組み合せも効果的です。

【銅製　長さ約9.5cm】

※写真　アロワナのパワーをアップさせる「真五帝古銭」（110ページ）

金銭豹の置物

財運増強、殺気を解く！

豹は虎や獅子と同じように力のある動物ですが、風水では化殺の目的には使われません。「豹の置物」を事務所、店舗、住居などに置くと財運を増強するだけでなく、そこにいる人々をストレスやプレッシャーから解放し困難を回避する効果があります。

【長さ約28.5cm】

鶏の置物

陰の気をついばむ！

向かい側のビルの外壁に、非常用のハシゴや階段などが掛かっている場合や、窓の外に電線が見える場合は、陰の気（マイナスエネルギー）を発生させるムカデを連想させることから、風水上良くないとされています。こんなときは、「鶏の置物」を窓越しに置くと陰の気をついばんで始末してくれると言われています。

また、家庭内の人間関係が良くないと感じるときには、リビングや寝室に置くのもいいでしょう。痴の虫や浮気の虫をついばんで問題の種をなくしてくれる働きもあると伝えられています。その場合、鶏の置物を二匹（一対）置きます。タンスの引き出しに隠しておいても効果的です。

【銅製 高さ約７cm】

コブラの置物

ライバルに勝ち、財運を集める！

風水では、外に流れている良い気を室内に取り込むために、玄関近くや窓側にキャッチャーミットのような形の置物を使用します。この「コブラの置物」のエリの膨らみも、外からの良い気を受け取るキャッチャーミットの役目をします。

コブラは財運と大吉の象徴です。その上、招き入れたくない人物や殺気、商売敵を見えない圧力と強烈な毒素で攻撃し、抹殺してしまう効果があります。不景気が長引き、世知辛い世の中において、外部に対する攻撃性と防衛力、そして財運を引き寄せるパワーを兼ね備えた風水アイテムは、「コブラの置物」のほかに見当たりません。

通常コブラは、エリの両脇に家紋のように「古銭型・八卦」（111ページ）をつけてパワーアップさせます。置く場所は玄関付近で、必ず外に向けて置くことが重要です。

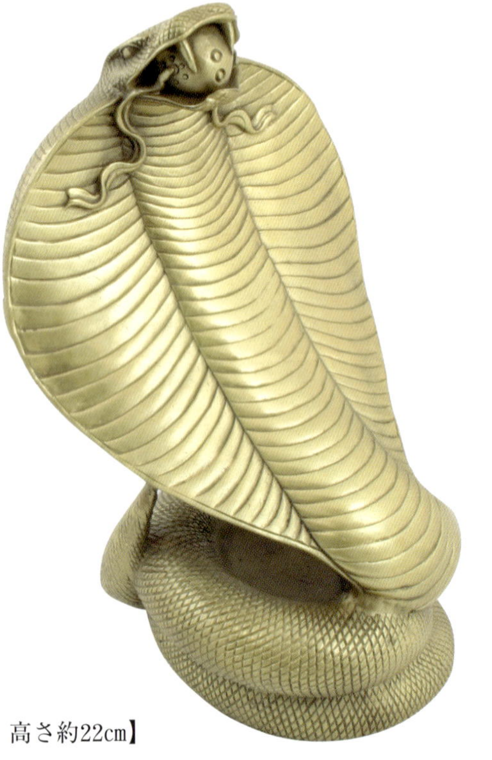

【銅製 高さ約22cm】

コブラの口に咬んでいる玉にダイヤモンドを埋め込んだり、貼りつけたり、そして両眼には、ルビー、サファイヤ、エメラルドを取りつけたりと、様々なパワーアップ方法が知られています。

風水的に良い環境を整えるためには、まず、陰気、邪気、殺気、妖気（マイナスエネルギー）を取り除かなければなりません！

本章では、邪の気を祓う専門アイテムを紹介します。

第4章

邪の気を始末し改運へ導く！

いやな問題を解決する！
～究極の改運法～

風水の剣と生姜

人生には数々の悩み、問題、災いなど思いもよらないことが突然訪れます。「どうしよう…」「どうすることもできない…」と思い悩む前に、究極の改運法を実践することがおすすめです。この改運法を実践した結果、古来より驚くほどの改運効果が実証されているのです。

生姜を使用した改運法の由来

生姜は古ければ古いほど「辛味」が強くなります。生姜を使った改運法は、「辛味」を道理の通らない人物、強くて怖い相手、案件などにたとえ、見えない敵に対し勝つために研究された伝統的な風水の手法です。生姜に「風水の剣」を刺すことにより、すべての辛い相手を切りつけて自分に近づけないようにしてくれるのです。また、不可抗力とも言えるような災難、霊的な障害にまで効果があると伝えられています。

改運法に使用する生姜

改運法に使用される生姜は「特別な効果」を生むわけですから、生姜にふくまれるエネルギーやパワーは、市販の生姜とは当然違います。適切な栽培方法に加え、苗木の時期より「竹炭」と「水晶のさざれ」を畑に敷き、土壌を浄化しながら育てています。豊かに成長した生姜そのものが、パワーあふれる改運アイテムなのです。

生姜畑

竹炭

水晶のさざれ

～手順～

①「風水の剣」(尚方寶剣《しょうほうほうけん》または七星剣《しちせいけん》)、生姜、布巾の三点を用意します。

②解決したい問題（人間関係、仕事、恋愛、トラブルなど）をイメージし、その状況が理想の解決方向へ進んでいくように願いを込めながら、布で「風水の剣」を磨きます。ただし、理に適わない願いや悪意や敵意のこもった願いには、まったく効果はありません。

③気がすむまで磨いたら生姜に「風水の剣」を刺します。このとき生姜から汁が出ているか確かめます。汁が出ていないと効力が弱くなります。

④玄関や出入口の邪魔にならない場所に置きます。玄関や出入口に置けないときは、キッチンや部屋に置いても問題ありません。

※①～④の手順で、生姜に刺す剣の位置を毎日変えます。問題が解決するまで繰り返し行います。一日に何度行っても問題はありません。生姜に剣を刺すたびに、生姜から汁が出ているかどうか確かめることが大切です。

生姜は、汁が出なくなったら取り替えます。使用済みの生姜は、塩(塩田の塩)と共に袋に入れて清めてから処分して下さい。

尚方寶剣 しょうほうほうけん

あらゆる災いを遠ざける！

「陰気・邪気・殺気・妖気」の侵入を防ぎ、その場に安全をもたらす効果があります。家族やスタッフの健康を守り、災いを遠ざけてくれます。尚方寶剣を飾る場合は、家や事務所、店舗の西か北西の壁、玄関や出入口を入って正面の壁に設置します。

【長さ約31cm】

こんなとき実践しよう！

目に見える出来事の対処には「尚方寶剣と生姜」を使用します。

- ●夫婦喧嘩が多い
- ●子供がイジメにあう
- ●近隣から意地悪をされる
- ●イチャモンをつけてくる人がいる
- ●上司からセクハラを受ける
- ●嫁姑関係が最悪
- ●職場や取引先に苦手な人がいる
- ●迷惑なセールス、勧誘が多い
- ●ライバルや同僚に妬みをかっている
- ●仕事でミスが多い
- ●清算したい人間関係がある
- ●心無い言葉を浴びせられる
- ●相手が浮気・不倫をしている
- ●仲違いの板ばさみになりやすい
- ●リストラされそう
- ●チームワークを乱す人がいる

七星剣 しちせいけん

悪霊や邪気を切り殺す！

宝剣、法剣とも呼ばれ悪霊や鬼神（目に見えないもの邪気）を切り殺すための武器です。「桃木剣《とうぼくけん》」と併用すると、「邪気を祓う力」は最強に高まります。星まわりから受ける悪影響や「停滞した運気」さえも切り殺し解消へと導いてくれます。

【銅製 長さ約27cm】

こんなとき実践しよう！

目に見えない出来事の対処には「七星剣と生姜」を使用します。

- ストーカーのような誰だかわからない人に追われている
- 霊的なものに憑かれやすい
- 迷惑メールが多い
- 部屋に入ると何か感じる
- 無言電話が多い
- 金縛りにあいやすい
- 悪夢でうなされる
- 風邪を引きやすい
- 良くケガをする
- やる気が出ない
- 不幸が続く
- 片想いばかりで成就しない
- やたらと借金を頼まれる
- 貧乏くじを引いてばかり
- 毎日毎日、不安ばかり

桃木剣　とうぼくけん

邪悪な霊気を退治！

古代中国において、桃の木は宇宙樹の一種と考えられ、現代においても霊木の一つです。天神様たちが汚れたれた地上に降下したあと、必ず桃の木の皮を入れた湯で汚れを祓うと言われています。このように、桃の木には「不浄を祓うパワー」と「邪気を祓うパワー」があります。この「桃木剣」は目に見えない邪悪な霊的存在を断ち切る霊木剣です。住居の近くに「*陰の気」がある、部屋が暗い、何となく嫌な感じがする場合は、桃木剣を鬼門もしくは裏鬼門に飾って下さい。ご先祖様の因縁を感じる場合は、仏壇の近くに飾って下さい。また、神棚の近くに飾ると神様達にとって居心地のいい空間が保たれます。

＊陰の気＝神社、仏閣(御墓)、葬儀場、病院、廃墟、古井戸、戦場の地など

～風水と桃太郎～

日本むかし話の「桃太郎」も桃の持つ絶大なエネルギーで鬼を退治するという物語です。鬼は鬼門（北東…丑寅の方位）から出入りするので寅柄パンツと牛の角が鬼のトレードマークなのです。桃太郎はまさに風水どおりの物語だったのです。

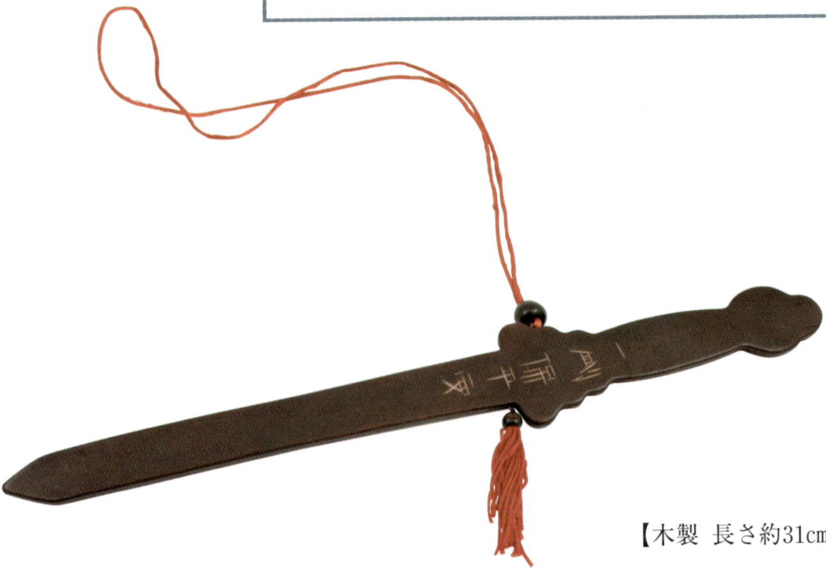

【木製　長さ約31cm】

刺円棍棒 しえんこんぼう

邪気を祓う！

外部から侵入する邪念や邪気をシャットアウトさせる棍棒です。邪念や邪気を感じる場所や侵入する可能性のある出入口の上部に吊り下げます。殺気や危険からも身を守ってくれる頼もしい化殺アイテムです。

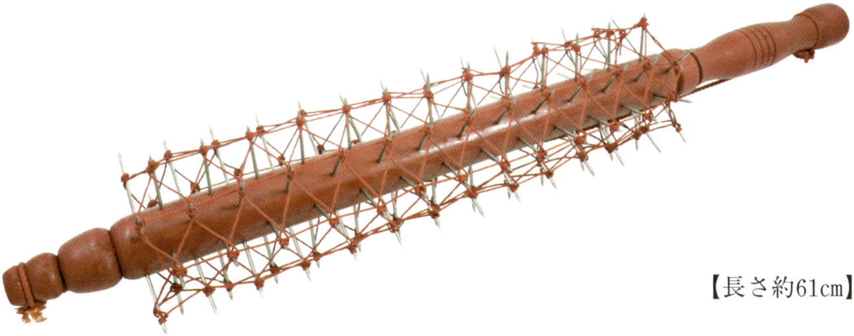

【長さ約61cm】

刺珠 しきゅう

鬼の侵入を防ぐ！

放射線状に飛び出た十数本の釘を赤い紐でぐるぐる巻きにしてある釘のボールは、「刺珠」という有名な化殺専用の風水アイテムです。見るからに恐ろしいその姿は、どんな強烈な邪気をも刺し殺してくれます。これを玄関や出入口、窓に吊り下げておくと、鬼《グィ》は侵入できません。

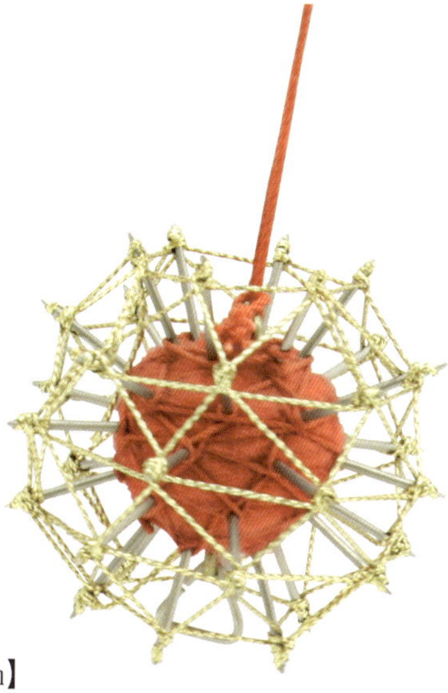

【直径約６cm】

獅子八卦太極の平面鏡

陰の気の侵入を防ぐ！

気になる部屋や場所の入口部分に掛けるだけで、獅子、八卦太極、石敢当《せきかんとう》、護符のパワーによって「陰気･邪気･殺気･妖気」を簡単に化殺好転することができる万能アイテムです。特に突き当たりの立地には必需品と言えます。

また、対面する壁の角が向かっている牆角《しょうかく》、消火栓やエレベーターが見える出入口には必ず設置し、マイナスエネルギーをシャットアウトしましょう。家の近くに墓地や大きな病院、宮司のいない神社、廃屋など陰の気がたまりやすい建物や立地がある場合（獨陰殺《どくいんさつ》）は、この「獅子八卦太極の平面鏡」をその方向に向けて取り付けます。

【高さ約28cm】

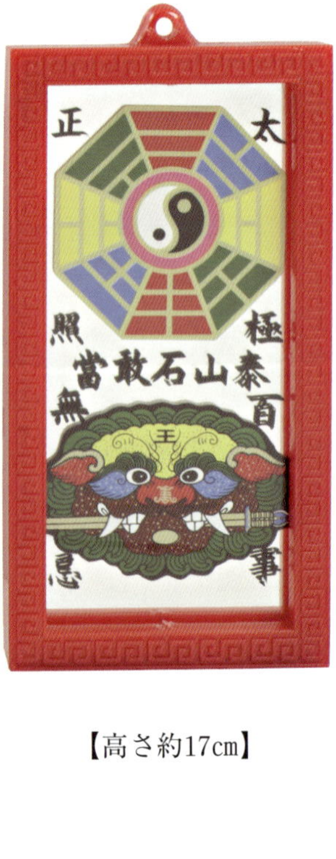

【高さ約17cm】

石敢当 せきかんとう　あらゆる殺気を受け止める神石！

邪気や霊気（悪霊）などの殺気は直進します。T字路（煎刀殺《せんとうさつ》、刀斬殺《とうざんさつ》）の突き当たりや十字路に面している建物は、まともに殺気を受け衰退してしまう恐れがあります。「石敢当」は、この殺気を石にぶつけて化殺してくれる働きがあります。鎌刀殺《れんとうさつ》の場合、向かってくる殺気に向けて置きます。石に「泰山《たいざん》石敢当《せきかんとう》」と刻んだものが主流ですが、殺気をはね除けるパワーを強化するために八卦や獅子面（虎面）、甲虫《こうちゅう》を刻んだものがあります。「石敢当」は沖縄や台湾、シンガポールなどでよく活用されています。

【石製 高さ約17.5cm】

【石製 高さ約10.5cm】

【石製 高さ約17.5cm】

【石製 高さ約17.5cm】

【石製 高さ約15cm】

コラム 殺気に犯されながら生活していませんか?

家や会社、学校、ホテルなどで「ゾクッ」としたり「なんだか居心地が悪いなぁ」と感じたことはありませんか? あなたも、そのような経験をしたことは一度や二度ではないことでしょう。それは私たちも動物的直感が備わっているからなのです。

しかし本能的に動物たちは、このような場所に二度と近づくことはなく、ましてやこのような場所に住むようなことは決してありません。

一方、悲しいことに私たち人間は、順応性がとても高い動物=適応能力が高い動物と言われています。最初になんとなく居心地の悪さを感じていても、毎日毎日生活していくうちに「慣れる」というより「馴染んできて」しまい、日常の生活が悪い環境におかれ、殺気に犯されながら生活していることさえ気付かなくなっている場合が多いのです。

これでは「下げ運」が続き「上げ運」になることは決してありません。ここでもう一度、自分の置かれている環境や住居の中をチェックしてみることが大切です。

環境開発(工事)が周囲で行なわれていませんか?高層ビルが立ち並んでいる、または、高層階に住んでいませんか?神社、仏閣(お墓)、葬儀場、病院、廃墟、戦場地などが周囲にありませんか?

また、玄関が暗い、トイレやお風呂·洗面所に窓がない、日の当たらない部屋がある、電磁波(電気製品)が多いなど、思いあたることはありませんか?

このような環境には、「陰気·邪気·殺気·妖気」が流れている可能性があり、「下げ運」を招いてしまう恐れがあります。それらの「魔」の侵入をくい止めることで「上げ運」がスタートするのです。地場や生活空間を浄化し、気持ちよく生活できる環境から再スタートしましょう!良い気に育まれながら毎日を生活しましょう! 殺気への対処ができれば、人生が変わってくることを必ず実感できるでしょう!

他の風水アイテムと組み合わせることで、改運のパワーを最大限に発揮する古銭！

本章では、古銭の持つパワーを余すことなく紹介します。

第5章

古銭を組み合せて効力をアップ！

古銭を使った風水アイテム

風水において銅古銭は陰陽五行説の「金」に属することから、化殺効果の高い風水アイテムとして人気があります。また、「家庭や仕事場を和気あいあいと仲良くさせる」「物事を発展させる」「運気を増強させる」という作用や「財源不断」という財を呼び込む効果も高いとされています。

このように改運の必須アイテムである古銭ですが、もう一つ知られている効果が他の風水アイテムをパワーアップさせる力です。古銭の中でも、主に化殺風水アイテムとして使われているのが、中国の清の時代（1616～1912年）に君臨した十人の皇帝が発行した銅銭です。

順治通寶《じゅんじつうほう》、康熙通寶《こうきつうほう》、雍正通寶《ようせいつうほう》、乾隆通寶《けんりゅうつうほう》、嘉慶通寶《かけいつうほう》、道光通寶《どうこうつうほう》、咸豊通《かんぽうつう》寶《ほう》、同治通寶《どうじつうほう》、光緒通寶《こうちょつうほう》、宣統通寶《せんとうつうほう》には、それぞれの皇帝の強いパワーと絶大な権力が備わっていると考えられていて、そのパワーを取り込むために、部屋に吊り下げる、地中に埋める、「化殺好転風水尺」（28ページ）に貼りつけて玄関に置くなどして使われています。

この十枚の古銭をすべて集めて赤い紐で組み上げたものを「十帝古銭」と言います。これには十人の皇帝の強さと威厳で、邪気を寄せ付けない効果があるとされています。

しかし本物の古銭は、現在では骨董的価値が高く、手に入れることが難しいため、ほとんどはレプリカで代用されています。

また、「六帝古銭」と呼ばれるアイテムがあります。こちらは十帝のうち、順治通寶、康熙通寶、雍正通寶、乾隆通寶、嘉慶通寶、道光通寶、の六帝でまとめられた銅古銭です。

これら六人の皇帝は特に権力が強く威厳があったことから、この六帝だけで十帝に匹敵するパワーがあると言われています。六帝古銭を家の中に吊り下げると、家庭に平安がもたらされ、若さと健康が保たれます。そして、家中に家族の元気なパワーがみなぎり、仕事も学業も順調に進むようになるのです。

さらに、六帝古銭から道光通寶を除き五帝でまとめられた「五帝古銭」と呼ばれるアイテムがあります。これは「財を招くパワー」と「威圧するパワー（権力）」の両方を得たい場合に使います。道光通寶だけ除くのは、道光皇帝には威厳はありましたが、財力はなかったという理由からです。財運を求める場合には、必ず道光通寶を外して下さい。

また、これらの清朝銭を使って剣を象った「古銅銭剣」（115ページ）は、ビジネスや商売、そして財運を高める風水アイテムです。

この古銅銭剣は皇帝の威厳によって、あなたが手に入れた財を横取りしようとする者を近づけず、もし近づく者がいたら剣で斬りつけて財産を守ります。同時に邪気も斬り捨てる働きがあるため、玄関や出入口に吊り下げると、あらゆる魔の侵入を防ぐことができます。

ただし、吊り下げる場所によって効果が違います。盗難防止と財運アップを願うなら金庫やレジの近くに、邪気の侵入を防ぐなら玄関の外側に、入ってしまった邪気を化殺したい場合には、玄関から入って正面に見えるところに設置します。

これらの古銭は十帝、六帝、五帝のセットではなく一枚（一皇帝）でも活躍してくれます。財布の中に入れておくと「呼び銭」となって、金運をアップしてくれるでしょう。この場合には、レプリカでなく本物を使って下さい。必ず「洗ったことのない、念が浸み込んだ古銭」が有効なのです。

真五帝古銭風水尺 しんごていこせんふうすいじゃく　風水・究極の一手！

「魯班尺」（27ページ）、「化殺好転風水尺」（28ページ）の上に「真五帝古銭」を、右から順番に順治通寶、康熙通寶、雍正通寶、乾隆通寶、嘉慶通寶の順に貼り付けたアイテムです。本来は、玄関扉の真下にあたる土地に埋め込みます。こうすることで邪気の侵入を防ぎ、財運に恵まれた建築物が完成します。すでに建築済みの家やマンションなど埋め込むことが難しい場合は、玄関や出入口の上がり口に設置して下さい。その上に玄関マットを敷いて隠しても問題ありません。

寸法取りの悪さを化殺する唯一の風水アイテムです。

※設置配方法につきましては、化殺風水師にご相談下さい。

【銅製 長さ約48cm】

真五帝古銭 しんごていこせん

威圧と招財のパワー！

手に入りにくい本物（実際に流通されていた）の五帝古銭です。順治通寶《じゅんじつうほう》、康熙通寶《こうきつうほう》、雍正通寶《ようせいつうほう》、乾隆通寶《けんりゅうつうほう》、嘉慶通寶《かけいつうほう》を集めたもので、強力なパワーを持ち、「威圧する力」と「招財の力」を得る効果があります。

本物は、骨董としての価値も高く、大変貴重な風水アイテムです。

【銅製　直径約2.5cm】

真六帝古銭 しんろくていこせん

平安と発展をもたらす！

五帝古銭に道光通寶が加わった風水アイテムで、強さと威厳で悪を寄せつけない効果があります。家中に吊り下げると平安と発展をもたらしてくれると言われています。

「安忍水」（112ページ）にも活用され、伝統的なパワーがあります。

また、他の風水アイテムをパワーアップさせる働きがあります。様々なアイテムと一緒に活用しましょう。「麒麟」（78ページ）、「風鈴」（141ページ）につけると邪気を祓う効果が格段にアップします。

【銅製　直径約2.5cm】

古銭型・招財進寶

財運アップ！

昔の銅銭を模したコインで、表に「招財進寶《しょうざいしんぽう》」の文字が刻まれ、裏に陰陽の象徴である龍と鳳凰が描かれています。主に他の風水アイテムのパワーアップに用いられています。風水の置物などの下に敷くと、その風水効果を一層高めることができます。

また、財運を高める力がありペンダントやキーホルダーにして身につけると、どんどんお金が入るようになります。レジや金庫の中、財布の中に入れると呼び銭となって金運がアップします。

金メッキタイプ

【銅製　大＝直径約4.5cm　小＝直径約2.5cm】

古銭型・八卦

災い除けに！

魔除けの八卦が描かれた古銭を模した銅製のコインです。使い方は二通りあり、一つは護身用として、もう一つは他の風水アイテムのパワーアップに使われます。パワーアップには、それぞれの風水アイテムの下に敷くだけでＯＫです。自分が嫌だと感じるものを遠ざけてしまう「八卦」パワーの効果がプラスされ、さらに風水効果が増強します。キーホルダーにしたり、財布に入れていつも持ち歩くようにすると、あらゆる災難から身を守ってくれます。

また、交通事故防止にもなるので、自動車には必ず一枚は入れておくようにしましょう。自宅やオフィス、店舗の玄関や窓に貼りつけたり、置いたりするだけで、空き巣や泥棒の難を除けることができます。レジや金庫に入れておくと盗難除けになります。

金メッキタイプ

【銅製　大＝直径約3.5cm　小＝直径約2.5cm】

安忍水　あんにんすい

「安忍水」とは代表的な改運アイテムで「真六帝古銭」と「龍銀」（銀貨）を〔水の中に沈んでいる塩の上〕に並べて置いたものです。「真六帝古銭」だけを並べても効果的ですが、「龍銀」と呼ばれる銀貨を活用すると、龍の持つ絶大なるパワーがプラスされ、思いもよらない大改運が期待できるのです。

また、「安忍水」は様々な風水アイテムと一緒に使うことにより、その効果をさらに増強する働きがあります。

中国の歴代古銭にはたくさんの種類があり効果も様々ですが、古銭ならどれでもいいと言うわけではありません。「真六帝古銭」（110ページ）とは中国の清の時代（1616～1912年）に君臨していた十人の皇帝のうち、特に権力と威厳の強かった六人の皇帝が発行した銅製のコインのことです。

※真六帝古銭も龍銀も近年、価格が跳ね上がりホンモノの入手が困難のためニセモノが横行しています。（ニセモノは非常に精巧に作られています）また、古銭商で扱っている「龍銀」などは洗浄してあることが多いので注意が必要です。
　ニセモノや洗浄済みではなく、その時代に使われた古銭そのままを使うことが安忍水の必須条件です。

龍銀

【銅製　直径約4.5㎝】

安忍水の完成図

秘伝安忍水の効果効能

- ●事件、事故から身を守る
- ●人間関係のトラブルを解消
- ●五黄殺による凶作用を化殺
- ●天中殺・大殺界による凶作用を化殺
- ●他の風水アイテムの効果をさらに増強
- ●言葉によるトラブルを回避
- ●財方位に置き財運を招く
- ●災難を遠ざける
- ●精神安定

並べ方

先ず、中央に「龍銀」を置きます。

「龍銀」の上部に「順治通寶」を置き、後は「康熙通寶」「雍正通寶」「乾隆通寶」「嘉慶通寶」「道光通寶」の順に時計回りに並べます。

設置した直後

数週間後の状態

門鈴（釣鐘型十帝古銭付）

音で陰の気を祓う！

門鈴《もんりん》は、玄関や門、出入口に取りつける風水アイテムで、十帝古銭と鈴の音が「陰気・邪気・殺気・妖気」の侵入を防ぎ、すでに入り込んだ魔を化殺好転してくれます。

また、水まわりの風水アイテムとしても最適です。マイナスエネルギーが生まれやすいトイレやキッチンの扉、浴室や洗面所の扉に取りつけると、十人の皇帝パワーと風鈴の音で化殺好転してくれます。

【銅製 高さ約28cm】

十帝古銭

皇帝のパワーが集う！

清時代に活躍した有名な十人の皇帝が、それぞれ発行した銅銭を十枚集めたもので「十人の皇帝の強さと威厳で悪を寄せつけない」効果があります。化殺好転、財運アップ、運気増強などにパワーを発揮してくれます。これを他の風水アイテムに取りつけると、その風水アイテムのパワーを倍増させることができます。

【銅製 高さ約27.5cm】

古銅銭剣

邪気を斬る！

清時代の銅銭で剣を模した風水の剣。剣で邪気を斬り祓い、あらゆる魔の侵入を防ぐと言われています。仕事で汗水垂らして得る財運力「正財《*せいざい》」の獲得度合いをアップさせる効果があります。ただし、ギャンブルなどの「偏財《*へんざい》」の獲得には効果がありません。

＊正財＝肉体的、精神的な努力をしながらメインとなる仕事（ビジネス）によって得られる財運のこと。そして、努力に比例して結果が必ず伸びていくこと。
＊偏財＝投資、投機、ギャンブルなどリスクをともなう財運のこと。決まった収入以外に得られるミラクルな財運のこと。

古銅銭剣（小）

【銅製 高さ（紐入り）約29cm 幅約20cm】

古銅銭剣（大・中）

【銅製 大＝長さ約50cm 中＝長さ約25cm】

コラム　亀の甲羅と三枚の古銭

中国では古来より神の意思を直接知るために、卦をたてたり、占卜をしたり様々な方法を用いて物事の判断の一助としてきました。風水は占いではなく「環境を整備するためのデータ学」ですが、易経を基に発展してきた一面もあります。

この「亀の甲羅と三枚の古銭」を使い、易経の六十四卦と照合して答えを求める占術方法がありますが、的中率が高いことから、今でも多くの占術家の先生方に支持されています。

〜実践〜

亀の甲羅に三枚の古銭を入れ、よく振った後、一枚ずつ指で調節しながら外に振り出します。亀の甲羅から出た古銭の裏表を記入します。これを二回行い（六回行う場合もあります）易経の六十四卦と照合します。このようにして、亀の甲羅から出た古銭の卦をよみ、自然と社会の変化を推測していくのです。

また、この亀の甲羅に文字を書いたり、刻み込んだりしてから火の中に放ち、甲羅の割れ方や焦げ方を観察して運気を占う手法も伝統的です。

※ただし、この両者は目に見えない未来を予測する「占い」の手法であり風水ではありません。占った結果、良くない卦がでたら正統風水で対策と対処をするのです。このことからも「風水は占いの一種」ではないことがわかります。

【天然製 長さ約10cm】

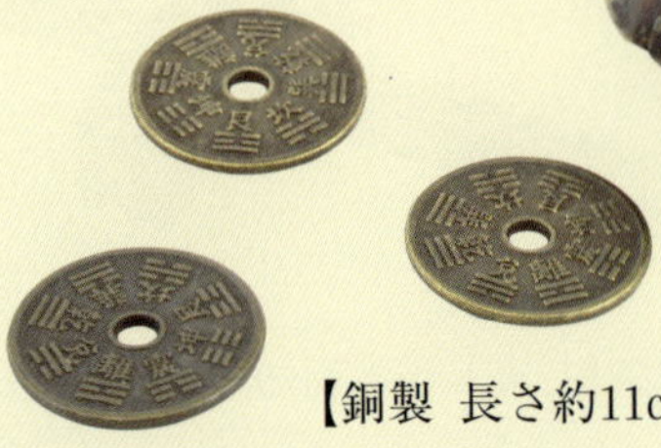

【銅製 長さ約11cm】

第6章

まだある！おすすめ改運アイテム！

この章では、財運やビジネス運をはじめ、願望や目的にあわせて、特におすすめしたい風水アイテムをピックアップして紹介します！

特殊なパワーを持つアイテムの魅力をお楽しみ下さい。

財運

関羽様の神像

商売の神様！

「三国志演義」に登場する関羽雲長《かんううんちょう》は、劉備玄徳《りゅうびげんとく》、張飛翼徳《ちょうひよくとく》、諸葛亮孔明《しょかつりょうこうめい》とともに、大変有名な武将です。中国では仁義を重んじる名将として大変人気が高く、別名「老爺・ラオイエ」と呼ばれ神様として崇め奉られています。

また、横浜の中華街でひときわ目立つ華やかな「関帝廟《かんていびょう》」に関羽様が祀られているのは有名です。実は、ソロバンを発明したのは関羽様と言われ、商売上手の華僑は「財武神」として厚い信頼を寄せ「商売の神様」としても大きな信仰を集めています。

ビジネス運や財運アップのために「商売の神様」である「関羽様」を祀りパワーを頂きましょう。「関羽様」を飾るだけで大財運をもたらし、侵入する邪気を武将の力で斬りつけ葬ってくれます。さらに、「龍亀」（84ページ）を近くに置くと、財運が強烈に高まって商売が繁盛します。関羽様の下に「古銭型・招財進寶」（111ページ）を敷くことも、忘れないようにしましょう。

【銅製 高さ約10cm】

【銅製 高さ約18cm】

【銅製 高さ約33cm】

関羽様のパワーアップ！

「関羽様」のパワーを最大限に引き出すための御札です。神像の前で、すべての御札を焼き尽します。

算盤 そろばん

商売繁盛にかかせない！

玄関や出入口の前に、高い建物や電信柱や交通標識などがあって殺気を感じるときの化殺好転に効果のある風水アイテムです。その場合、この銅製の算盤に三、八、三、八、三、八、三、八と数字を入れ、接着剤で固定して出入口に吊り下げてみましょう。易経の六十四卦では、この三十八という数が五行でいう「木」に属していることから「木」の効果を高め「土」の災難を防いでくれる効果があるとして、この方法を活用します。

出入口の前が突き当たりになっている、家中に細長い廊下が続いている（槍殺）などの場合から受ける殺気の化殺好転にも効果的です。

財運アップのために、商売の神様「関羽様」と一緒に置いて、商売発展を促すアイテムとしても活用されています。

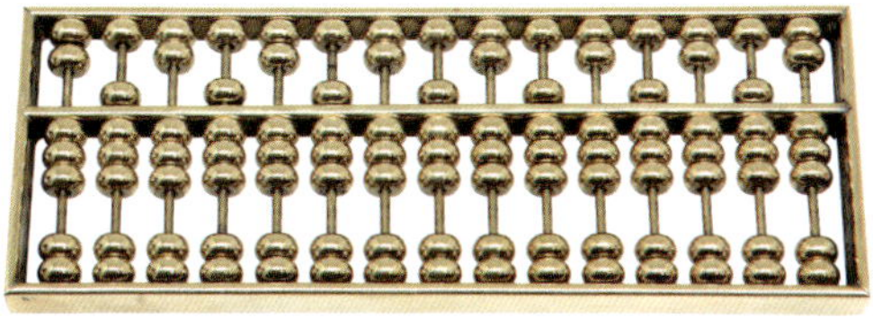

【銅製 高さ約4.5cm】

財神パネル

眼の高さが肝心！

金運をアップさせ、強力に財運を呼び込むパワーを持つ神様として有名なのが「財神」。この財神が描かれたパネルを飾るだけで、家中の財運が不思議とアップします。確実な財運アップを図るために、この財神パネルを飾る場所と高さに関して、重要なポイントがあります。

～場所～

●風水判定で「財位」にあたる場所

●その環境に出入りするために、一番多く人の通る場所(一般的には玄関)。

～高さ～

●家庭では、その家族の働き頭（家長）の目の高さに「財神の目の高さ」を合わせます。また、ビジネス環境では、お客様の平均的な目の高さに「財神の目の高さ」を合わせます。

●風水メジャーで、床から測って「進寶《しんぽう》」「財至《ざいし》」「興旺《こうおう》」「財徳《ざいとく》」「寶庫《ほうこ》」の寸法の部分に、「財神の目の高さ」がくるように合わせます。

強力に財運アップを願う場合、財位と出入口の両方に財神パネルを飾ります。「パネルが目立つ」「デザインが合わない」と言う場合は、カーテンやポスターなどで隠しても問題ありません。財神の持つ効果は変わりません。

財神と相性のよい風水アイテムとして用いられるのが、同じ財運アップのパワーを持つ「龍亀」(84ページ）です。「龍亀」は、財神や商売の神様とは切り離すことのできない風水アイテムなので、「財神」と「龍亀」の相乗効果を願い、ダブルで取り入れてみてはいかがでしょうか。さらに、「財神カード」（121ページ）を財布に入れて携帯するのもよいでしょう。

【高さ約29.5cm 幅約24.5cm】

財神カード

「財神カード」は財布や定期入れ、通帳ケースなどに入れて手軽に活用できることから人気の高いアイテムです。ゴールドの色がうすくなってきたら新しいカードにバトンタッチしましょう。プレゼントとしても大変喜ばれています。

【高さ約8.5cm】

元寶《げんぽう》

財運効果をアップさせる！

元寶は中国版のインゴット、金塊のことです。元寶は、財運アップを目的とした風水アイテムの近くに置いたり、中に入れたりすることで、そのアイテムの効力を簡単にパワーアップできるスグレものです。「貔貅」（81ページ）や「龍亀」（84ページ）などの風水アイテムには是非、活用して下さい。

また、店舗のレジの中や会社の金庫に入れておくと財運を招いてくれるでしょう。私たちがよく食べる餃子の形は、この元寶が原型だと言われています。つまり餃子は、「金塊を食べる」というおめでたい食べ物なのです。

元寶には銅製の他に、水晶やルチルなどのパワーストーン製のものもあります。

【銅製　大＝長さ約7.5cm
　　　　中＝長さ約５cm
　　　　小＝長さ約３cm】

招財進寶銅牌

財運を呼びこむ！

家庭や店舗、オフィスなど、あらゆる場所に「財運を呼び込むため」に飾る銅牌です。銅にはプラスのエネルギーを集める効果があり、その銅製の牌に刻まれている文字は財運を招くための四文字熟語です。置く場所は当然お金に関わる場所がおすすめです。社長室、経理関係、金庫やレジの近く、家庭ではリビングなどが一般的です。

※ビジネスシーンでは「釣り銭トレイ」として使用し財運をアップさせます

【銅製 直径約20cm】

十二支八卦銅牌

すべての方位の邪気を防ぐ！

家庭や店舗、オフィスなど、あらゆる場所に起こりがちな災い事を沈静化し、どんな時にも自分に災い事が降りかかってこないようにするために飾る銅牌です。この銅牌に刻まれているのは「八卦」と「十二支」の絵柄です。八卦は邪気を祓い、自分自身が嫌だと感じるものをすべて遠ざけてくれる効果があります。十二支は全ての方位と全ての時間を網羅していることを意味しています。置く場所は特に限定しません。

【銅製 直径約20cm】

〔招財進寶銅牌〕も〔十二支八卦銅牌〕も共に風水アイテムの下に敷くと、各アイテムの効果をバージョンアップすることができます

十寶《じゅっぽう》

効力のバージョンアップに！

風水では、風水アイテムの持つ効力をバージョンアップさせる方法をよく使います。

その代表的なアイテムの一つが「十寶」と呼ばれるものです。「十寶」とは金、銀、銅、生鐵、珍珠（真珠）、瑪瑙（メノウ）、玉（ヒスイ）の七つに、財運を運び邪気を祓う「古銭」と、陰陽五行の五臓、つまりすべてに健康をもたらす意味が込められた五色の色布の「五色綫」、食べることに困らないようにとの願いから、穀物を代表する稲殻、緑豆、紅豆、黒豆、黄豆の「五穀」を加えた十種類の宝です。

「十寶」は、財運アップの他に魔除け、健康、発展、豊かさなどを、他の風水アイテムに与え、彼らのパワーの源になってくれるのです。

「貔貅」（81ページ）、「香炉」（131ページ）をはじめ、様々な風水アイテムの中に入れたり、近くに置いてあげましょう。きっと、思った以上の効果を実感できることでしょう。

※「十寶」は風水アイテムを活用する人にも、財運や健康運、そして豊かさを与えてくれます

【木製 縦・横約８㎝】

九層文昌塔 きゅうそうぶんしょうとう

学問や仕事の能率アップ！

自分のデスクの上に置くと、集中力をアップすることができる風水アイテムです。同時に、発想が豊かになり仕事の効率がアップします。その結果、立身出世が図れると言われています。

文昌塔は、企画、創造、研究など頭脳を必要とする人を強力にサポートしてくれるので、企業の社長や企業家を目指している人のほか、技術開発者、文筆家、芸術家など、クリエイティブな仕事に従事している人に、大変おすすめのアイテムと言えるでしょう。

また、受験を控えた学生が机に置くと成績アップが期待できるので、受験生にも必須の風水アイテムです。

【銅製 高さ約11㎝】

【天然水晶製 高さ約8.5㎝】

学業神カード

学問と出世の神様！

論語を通し学問の神様として知られている「孔子《こうし》」と、試験、昇進、昇格の神様として尊敬されている「朱熹《しゅき》」が描かれた、学問と出世を司る専門の御守りです。本来、学問の根底には真理がなければならず、丸暗記や心で思っているだけではなんの役にも立ちません。

この「学業神カード」を持つと役に立つ学問が身につき、試験の時も実力以上の力を発揮できるようになります。

また、目上の人からの愛情や注目が注がれるようになり昇進・昇格の道へと導いてくれるのです。

【高さ約8.5㎝】

法器・五鈷杵 ほうき・ごこしょ

悪縁を断ち切る！

道教や密教の代表的な法具で、人の中に眠っているあらゆる煩悩を打ち砕いてくれる働きがあります。さらに、強力な護身パワーがあり邪気や殺気を弾き返してくれます。嫌な物事との縁を断ち切ってくれる特殊な効果もあります。

【天然水晶製 長さ約５㎝】

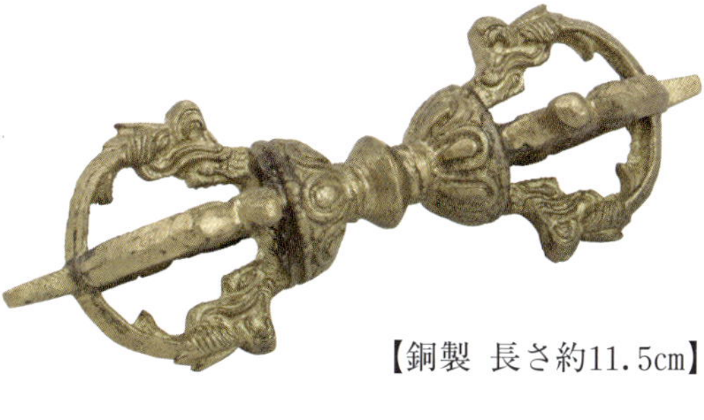

【銅製 長さ約11.5㎝】

風水噴水
～日常の金回りを良くする～

風水アイテムは、あなたのためだけの「したたかな改運」を実現する目的で現代まで伝承され発展してきました。きれい事のたてまえは抜きにして、世界中の誰もが願っているのが「財運」ではないでしょうか？

潤沢な「財」が身の回りにあることは現代社会に生きる私たちの基本的な願いなのです。では、財運をもたらす要素はなんでしょう？風水では「財の気は風に乗って運ばれてきて、水によって止まる」と表現されてきました。つまり流れている財の気（財運）を一時停止させて自分の占有空間に引き込む技術です。それには「水を循環させる」ことが重要なのです。

そこで、財運を運び込むための風水アイテムとして活用されている手法が、この「招財龍穴水盤」（風水噴水）を玄関近くや財方位に置くことなのです。新鮮な水を玄関付近で循環させることで、財運と幸福を運んでくれる龍が天から飛び込んで来てくれる龍穴を人工的に作り出し、外に流れている金財運、人財運そして様々なラッキーを自分の環境空間に引き込んでくるのです。

本来の風水学では、自然界の気の流れをいろいろな方法で研究し、良い気の集まる場所（龍穴）を探しだし、そこに住居を構える、またはビジネスの拠点を置くことによって順調な人生を歩もうとするものなのです。しかし、開発され尽くし破壊された環境にある現代の世の中で、龍穴など発見できるわけもないし、例えもし発見できたとしてもそこは既に他人のものなのです。なぜなら龍穴のある場所は必ず発展するのですから、基本的に売りに出ることはありません。そこで現代の風水学では龍穴を探すのではなく「龍穴を作り出してしまう」手法が研究されました。結果、この「招財龍穴水盤」（風水噴水）にたどり着いたのです。住宅やオフィス、店舗の玄関に手軽における卓上型のものも有り、オブジェとしても美しく人気があります。この効果は広く知られ、玄関に直径一メートル、重さ二トンもの大石を回す企業も少なくありません。

回す石の玉は、天然水晶が効果的です。しかし、水晶と呼ばれ市販されているほとんどがガラス玉、または人工水晶ですから注意が必要です。ちなみに「本水晶」と表記されているものは、ほとんどが「人工水晶」なのです。

※「人工水晶」について詳しくは「誰も書かなかった!! 水晶の秘密」（コスモトゥーワン刊）を御参照下さい。

招財龍穴水盤 しょうざいりゅうけつすいばん

財運・改運を招く！

龍王

龍の中でも王の位にある龍が水晶をドラゴンボールとして携えています。水晶のパワーと龍のエネルギーの相乗効果により、その空間すべてをパワースポットにしてしまう効果があります。銅を多量に含む合金で作られていることから熱伝導率も非常に高く、化殺好転効果も最高になるように設計されています。

【銅製　高さ約31cm】

笑佛

日本では布袋様として知られている笑佛様は、満面の笑顔と共に人相学上の最高の人相と言われています。ぷっくりと張り出したお腹は裕福さの象徴で、「まさに財運ここにあり！」と思わずにはいられない逸品です。水晶パワーと笑佛様のエネルギーで改運を約束してくれることでしょう！

【銅製　高さ約41cm】

慈しみ型

前方と後方に上方より流れ込んでくるエネルギー（運気）を両手でつつみ込み、やさしく育みながら受け止め、丁寧に水晶パワーと融合させることで、そこに集う人々の人間関係に好循環を生み出してくれる効果があります。穏やかで協調性に富んだ豊かなエネルギーが様々な幸運や財運をもたらしてくれます。

【高さ約18.5cm】

天壇型

天からのエネルギーを誘い込み水晶パワーと融合させ、運気を室内に拡散させる効果があります。そこに集う人々に勇気、元気、活気を与えてくれることから、明るく活発な行動を助長し財運をも引き込むことができます。

【高さ約18cm】

※噴水には約48mm～60mm前後までの水晶玉が乗せられます。
水晶玉はレインボー水晶の他、金針ルチルなども良いです。

第7章

色、香、音、光を使って運気を変える!

色、香、音、光などが持っているパワーを生活空間に上手に取り入れることで吉運を呼び込むことができます。

本章では、それらの手法の数々をご紹介します!

天然葫蘆 てんねんひょうたん

マイナスエネルギーを吸い込む！

天然の葫蘆は、マイナスエネルギーを吸い取ってくれる風水の「空気清浄器」です。その葫蘆の中に「水晶のさざれ」（148ページ）などを入れてから使うのが正しい使い方です。自分の周りの生活空間に置くようにすると、日常のマイナスエネルギーを吸い取ってあなたの身を守ってくれます。

また、家族の誰かが健康を害しているときは、その人の部屋の出入口に吊り下げます。このとき、葫蘆の蓋を必ず開け枕元に口が向くようにして下さい。病気のエネルギーを吸い取ってくれるので早く回復します。

さらに「収妖《しゅうよう》魔《ま》鬼《き》怪《かい》」と言って、邪気の塊である妖怪や鬼を吸い取って閉じ込める効果もあるので魔除けの効果も期待できます。建物から受ける殺気も吸収してくれます。天井に梁《はり》がむき出しになっていると、そこに「圧《あつ》」という邪気が生じるため気の流れを乱してしまいます。その場合には「葫蘆」と「銅鈴」を二つずつ用意して、梁の両脇に一組ずつ吊り下げましょう。銅鈴の音が邪気を呼び寄せ、葫蘆がその邪気を吸い込んで浄化してくれます。ただし、葫蘆が邪気を吸い込めるよう、口を開けておくのを忘れずに！

※葫蘆《ひょうたん》（中国語）＝瓢箪《ひょうたん》（日本語）

【本体＝天然製　高さ約10.5cm】

【本体＝銅製　高さ約５cm】

葫蘆の置物

あらゆるマイナスエネルギーを吸収！

風水の空気清浄器と言われる葫蘆ですが、その所以《ゆえん》は自分の周りにあるマイナスエネルギーを吸い込み、取り除いてくれる「収殺《しゅうさつ》」の働きがあることにあります。

この葫蘆は、陰陽五行説の「金」に属する銅でできています。銅そのものに化殺好転の作用があるので、葫蘆の収殺作用とダブルの化殺効果をもたらしてくれるスグレものです。

風水ではよく、銅製の葫蘆の下に「古銭型・八卦」（111ページ）を敷きますが、そうすると「八卦化殺好転葫蘆」となり、自分にとって嫌だと感じるものをすべて遠ざけてくれる、まさに「鬼に金棒」の化殺風水アイテムに変身します。これは「財の気」が散ってしまうのを止める「止《し》洩《えい》耗《しょう》財《ざい》気《き》」に用いる方法として有名です。

使う前に葫蘆の中に水晶や「十寶」（123ページ）を入れてから、自分の生活空間に置くことが大切です。水晶や十寶が、吸い込んだマイナスエネルギーを浄化し、プラスエネルギーに変えてくれるので化殺好転のパワーを強くします。

また、この葫蘆に目的に合わせた色の生花を用いて「一輪挿し」として使う風水改運法も古くから知られています。

そのため別名「桃花葫蘆」「桃花瓶」とも呼ばれています。

天然の紅水晶（ローズクォーツ）を使い薔薇の花に彫刻したものを「七星陣」の形に配置すると、恋愛運・人間関係が良好になると言われています。

葫蘆との相性も抜群です。

この中に紅水晶の玉やさざれを入れると恋愛運がますますアップします。

【葫蘆＝銅製 高さ約10cm】

【七星陣 直径約6.5cm】

葫蘆の香炉 ひょうたんのこうろ

浄化作用をアップさせる！

風水では場を清めるために香を焚きます。香は邪気を祓い、その空間に流れるエネルギー(気)を浄化してくれる重要な化殺アイテムです。葫蘆には「収殺」の働きがあることから、葫蘆の形をした香炉で香を焚くと浄化作用を一段とアップさせ、よりスピーディーな効果が期待できます。また、特殊な使い方では女性がこの葫蘆に「ローズクォーツ」と「水晶玉」と「十寶」(113ページ)を入れて香を焚くと、女性らしい「くびれ」を取り戻すことができると言われています。さらにローズクォーツが異性との良縁をもたらし、水晶が目的を達成させてくれるという多重効果も期待できます。

また、妖怪や鬼まで吸い込んで閉じ込める「収妖《しゅうよう》魔《ま》鬼《き》怪《かい》」の効果もあることから、この葫蘆の香炉を枕元に飾ると、病魔を吸収する効果もあると言われています。

【銅製 高さ約10cm】

【銅製 高さ約12.5cm】

九龍香炉 きゅうりゅうこうろ

浄化と幸運を引き寄せる！

風水の意匠をこらしたエネルギーの高い香炉です。この香炉には、蓋と合わせて九匹の龍が刻まれています。さらに、香炉を支える三本の脚には強力な魔除け効果のある獅子が刻まれ、邪気を寄せつけません。蓋の頂部には金運、財運をアップさせる効果があるタイガーアイの玉を取りつけました。その両側にいる向かい龍は、タイガーアイのパワーを増幅させる働きがあります。

この香炉で香を焚くことにより、邪気を祓い「富貴吉祥」の象徴である龍が財運、仕事運、健康運、愛情運など、あらゆる運気を上昇させてくれます。

そして、幸運に満ちた生活を送ることができる環境を整えてくれるのです。

インテリアとして、玄関やリビングに置いても良いでしょう。

※頂点にあるドラゴンボール（龍珠）はあなたの改運目的にあわせて変化させるとよいでしょう

【銅製 高さ約11cm】

【銅製 高さ約15.5cm】

八卦香炉 はっけこうろ

浄化作用を強化！

香を焚くための陶器製の香炉です。香炉の蓋に八卦太極が刻まれ、その場を浄化する働きと安定させる働きがあります。香炉の中に「水晶のさざれ」(148ページ) を入れ、空間の浄化に活用したり、ブレスレットやアクセサリーを浄化するための入れ物としても活用できます。

【陶器製 直径約7㎝】

白檀のお香 びゃくだんのおこう

あらゆるものを浄化する！

風水で使用する高品質の白檀香は、場を浄化するための専用の香です。

また、あらゆる風水アイテムを清める働きがあるため、毎日焚くことをおすすめします。古くから深いヒーリング効果があることも知られています。

風水で使用する高品質の白檀香

【直径約4㎝】

除障香 じょしょうこう

マイナスエネルギーを一掃させる！

嫌な気を感じる（寒気やゾクゾクする感覚など）住居や部屋には、その気を祓うための化殺アイテムが必要です。この「除障香」はその名のとおり、あらゆる障害を取り除いてくれる専用の香です。

例えば中古住宅をはじめ、賃貸マンション（アパート）や賃貸事務所などに引っ越した場合、前住居者や使用者のエネルギー（気）が残っていると、自分自身にとって悪影響をもたらす可能性があります。残っているエネルギーを一掃するためには、引っ越しや移転をしたら必ず「除障香」を焚き、その場を浄化することが大切です。日常生活の中で、嫌な気を感じた場合にも効果的です。一日に何回焚いても問題ありません。

また、葬儀場、病院、寺院、旅行、介護などマイナスエネルギーを受けやすい場所に出かけた後、「気分が悪い…」「体調がすぐれない…」などと感じる人も多いと思います。その場合、住居や部屋に入る前に必ず「除障香」の煙を浴び、マイナスエネルギーを祓うことが大切です。着ている服や持ち物も同様です。

どうしても香が焚けない場合は、「除障香」を細かく砕き、粉状のものを土地にまく、身体に摩り込むなどの手法もあります。

住居や仕事場の近くに神社、仏閣（お墓）、葬儀場、病院などがある場合は、「獅子八卦平面鏡」（104ページ参照）「山海鎮平面鏡」（38ページ参照）「七星剣」（101ページ参照）を、それらの見える方向に向けて設置し、その後、「除障香」を焚くようにして下さい。

【桐箱 長さ約23.5cm】
【除障香 長さ約22cm】

紫の袋入り水晶玉

トイレを浄化する！

トイレは不潔になりやすく邪気がたまりやすい場所です。このマイナスエネルギーを浄化するために、昔から様々な手法が取られてきました。その中で、一番簡単にできて効果的なものが「紫色の網袋に水晶玉を入れ、壁から吊り下げる」方法です。トイレは清潔を心がけ、その上でこの方法を試すことをおすすめします。

これからトイレを作る場合は、その場所の床下に「水晶のさざれ」(148ページ）をたくさん埋め込む（敷き込む）効果的な方法もあります。

さらに、トイレの四隅に水晶六角柱を置く、水洗タンクの下に「水晶のさざれ」を置く、水洗タンクの中に水晶を入れるなどの化殺方法もあります。

また、トイレやキッチンは「不快な臭い」と言うマイナスイメージが強い場所です。それを調整するためにトイレやキッチンのドアに「吊り下げ羅盤」(25ページ）や「多面カットボール」(140ページ）を吊り下げる方法もあります。

窓のない
トイレには
不可欠の
必須アイテム

【フサ＝長さ約40cm レインボー水晶＝直径約30mm～】

水晶を吊り下げるための専用袋（赤・黄・紫）

目的に合わせて使いわける！

水晶玉は丸くて重いものなので台などに乗せて置くのが良いですが、置く場所がない場合は専用袋に入れて壁から吊り下げましょう。

- **赤袋**…空間を元気にする効果
- **黄袋**…富と権力をもたらす効果
- **紫袋**…空間を浄化し心を癒す効果

目的に合わせた色の袋に水晶玉を入れて使うといいでしょう。

ローズクォーツの玉を入れた場合は人間関係の向上、男女間のトラブルを解決してくれると言われています。夫婦関係の改善には寝室に置き、異性運を高めたい場合には、部屋の入口付近に吊り下げておくとよいでしょう。窓のないトイレには「マイナスエネルギー」が溜まりがちです。そんなときは、紫袋に透明水晶玉やレインボー水晶玉を入れトイレの壁に吊り下げると気を吸い取ってくれます。

【フサ＝長さ約40cm　レインボー水晶＝直径約30mm～】

八白玉《はっぱくぎょく》

好運を招く！

この玉は「八白共に発する」といい、財運、事業運、人間関係運、また出産にもよいとされ、古くから貴重な縁起ものとして扱われてきました。「なんとなく運気が良くない」と感じる場合、「八白玉」を玄関や出入口に飾って下さい。「八白玉」にはプラスエネルギーがたくさん含まれているので、邪気や衰退の気などのマイナスエネルギーを解消することができます。「人間関係が上手くいかない」「体調が良くない」などの場合は、常に身につけたり、持ち歩いたりして下さい。

～ こんな時 こんな人 ～

- **赤ちゃんの夜泣き**
- **子供のワガママ**
- **子育てのストレス**
- **小児科・産婦人科の医師や看護師**
- **保育園や幼稚園・学校の先生**
- **赤ちゃんや子供に関係する職業**

【石製 長さ約18cm】

圧殺水晶施渦墜《あっさつすいしょうせかつい》

天井の梁に！

「梁」は気の流れを歪ませ、そこで暮らす人々に圧迫感を与えます。本当は梁の下から移動することが一番ですが、難しい場合は「圧殺水晶施渦墜」を梁の両脇に取りつけて化殺します。

「圧殺水晶施渦墜」の上部は、天然水晶を多面カットしたクリスタルボールで、梁から一直線に落下する殺気を光の拡散作用でやわらげ化殺します。下部の施渦形は、太極の動きを象徴しています。この施渦形はあらゆる自然生命に調和をもたらし、新しいエネルギーの流れを作り出すことができるのです。

※「梁」の下には不可欠の必須アイテム

【天然水晶製 上部＝直径約２cm
下部＝直径約3.5cm】

乾坤照寶図 けんこんしょうほうず

万能の御守り！

　風水上「百無禁忌《ひゃくむきんき》」と言い、なんでも思い通りになるよう働いてくれる万能アイテムです。災いを取り除き、鎮宅、厄除け、家内に平安を招きます。また、光の陰陽バランスを整える働きがあります。光は明るすぎると「陽の気」が強くなり、イライラ、口げんか、人間関係の不和を引き寄せてしまいます。逆に暗すぎると「陰の気」が強くなり、邪気、マイナス思考、病気などを引き寄せてしまうのです。室内に光の乱れがある場合、この「乾坤照寶図」でバランスを整えましょう。自動車の中、バッグやポケットの中に入れて携帯することもおすすめです。目に見えなくても効果は変わらないので安心して下さい。

【長さ約13cm】

紅いフサ　黄色いフサ

方位と色のコラボレーション！

　それぞれの方位と相性のいいカラーを使って幸運を呼び寄せる方法は、すでにご存知の通りです。風水アイテムには、色の効果を使って手軽に改運できる方法があります。

　紅（赤）色は東方位、東南方位、南方位と相性の良いカラー。この紅いフサをそれらの方位に吊り下げると、その部屋のエネルギーが活性化して体も心も元気になります。黄色は西方位、北西方位と相性のよいカラー。黄色いフサを、西方位、北西方位に吊り下げると、財の気が活性化され金運がアップすると言われています。

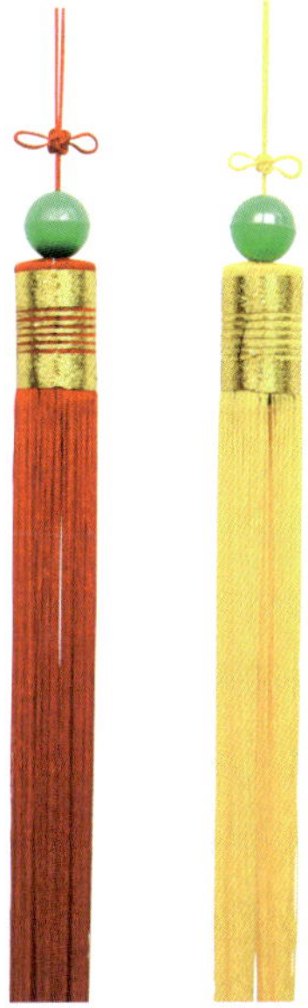

【各色　長さ約60cm】

多面カットボール

プラスエネルギーを拡散する！

クリスタルボールなど光を屈折させるものには、部屋中にエネルギーを拡散させる作用があります。「多面カットボール」は様々な活用方法がありますが、玄関からベランダの窓が見える間取りは漏財宅（財運が外に逃げていく）には必需品です。また、玄関や出入口の向かい側に窓がある場合は、その空間に殺気が走るため、この「多面カットボール」を窓側に吊り下げる、または置いておくと殺気を緩和することができます。

日の当たらない部屋に「多面カットボール」を置くと、プラスエネルギーを隅々まで拡散して活気を取り戻してくれるでしょう。

効果はそれだけにとどまりません。プラスエネルギーの効果が、そこに住んでいる人の先見力や洞察力を活性化してくれます。企業などの場合は、ビジネスをすべて良い方向へ変える効果があります。

さらに、臭いがもたらす邪の気の浄化にも、この「多面カットボール」が有効です。生ゴミやトイレの臭いは、運気を強烈に落とすので風水では凶の作用をもたらします。そこで、これをキッチンやトイレに吊り下げて、風水調整を行なうことが大切です。

職人がハンドカットで多面を創ることによる、各面の大きさや数が違う事が、最も重要なポイントなのです。

【天然水晶製　直径約３cm～４cm】

【天然水晶製　直径約2.8cm】

風鈴（六柱六帝古銭風鈴）

土殺を化殺する！

風鈴は風水で良く使われるアイテムのひとつです。日本国内で風鈴と言えば、風にそよぎ澄んだ音色を出し、涼感を楽しむ夏の風物詩になっていますが、元はと言えば邪気を払うための風水のアイテムとして、中国から日本に渡って来たものです。

風鈴はその響きで「土の殺」や「その場にある殺」の気を弱め、陰の気を解消するとされています。風水で言う風鈴とは、日本人がイメージするガラス製や陶器製のものではなく、銅製あるいは真鍮で作られたものです。六柱六帝古銭風鈴は、円形のトップから六本の銅または真鍮のパイプが吊り下がり、その中央には八卦が刻まれた円形銭があり、更に下の方に、古銅銭（ここでは六帝銭）を吊り下げたものです。中央にある八卦の円形銭は、その場にあるあらゆる邪気を解消し、六帝銭は、家庭に平安をもたらし、健康運・仕事運などをアップするはたらきがあります。風鈴の音が、そのはたらきを家中に広げます。

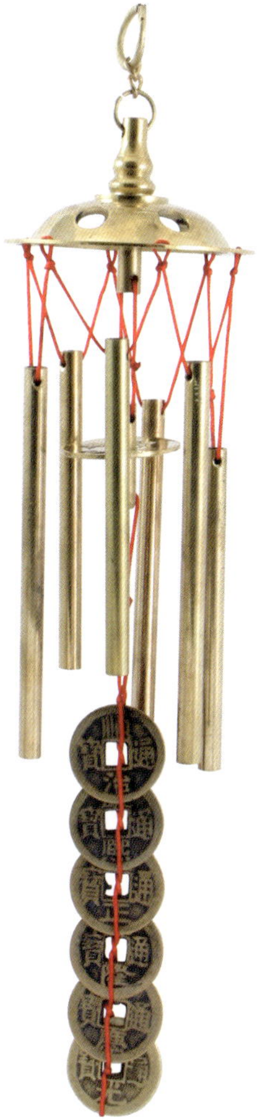

【長さ約24cm、幅約6.5cm】

風水の風鈴が銅製や真鍮製でなければいけない理由は、五行の相生・相克の原理で、土の気を弱め解消する効果が得られるからです。このようなことから、この風鈴を使う場所としては、五黄、二黒の巡る方位、玄関などの出入口・トイレなど陰の気が強い場所、家の欠けの部分などとなります。住宅の玄関ドアや商店の出入口ドアに風鈴やウインドチャイムを吊るしているのを見かけますが、風水上とても良い事であり、できればどの家でも玄関に吊しておいて欲しいアイテムです。

他に、鈴の音を使うアイテムとして、釣鐘型の風鈴に十帝古銭をつけた「門鈴」（114ページ）や、ヒキュウの首につける「牛鈴」（83ページ）などがあります。

銅鑼《どら》

空間に漂うエネルギーを浄化する！

音を用いて場を清めるときには銅鑼を使うのが一般的です。遠くまで響き渡る音には、空間に漂うエネルギーを浄化してくれる大きな役割があります。

出港の時には、航海の安全（邪気の解消）を願って打ち鳴らされています。戦の出陣の合図として覇気を高めるために使われたこともあります。

一般的に中央が突起しているものと、平らなものがあります。中央が突起しているものは澄んだ音色が響き、平らなものは激しい音が絡み合った迫力のある音色が響くと言う特徴があります。マイナスエネルギーを寄せつけたくない場所や、気持ちを奮い起こしたいときに鳴らすとよいでしょう。

【直径約45〜180cm】

爆竹の飾り物

爆発音で邪気を祓う！

爆竹の激しい爆発音は、マイナスエネルギーを追い払うのに強力な効果があります。

中国や台湾では、旧正月の元旦や結婚式、おめでたい場所にマイナスエネルギーを寄せつけないよう爆竹の飾りを使用します。本来は火薬ではなく、竹に火をつけて一節ごとに破裂させ春の到来を喜んでいました。竹は、富貴の象徴であり財と吉祥を招くと言われています。

〜『爆竹』の由来〜

漢の時代、竹を燃やしてバチバチという音を出し妖怪を退治した事から、中国では魔除けに爆竹が使われるようになった。そのため、現代でも『竹』という漢字を使っている。

【長さ約175cm】

竹製の赤フサ飾り

富貴吉祥の壁飾り

【フサ込み全長小約90cm
中約105cm】

竹は富貴吉祥の象徴です。

この竹の表面には「招財進寶」の文字が彫り込まれているため、富貴だけでなく財運・事業運まで呼び込むと言われています。

全長の長さも吉寸（大小共）で合せてあり屋内や出入口に飾るだけで財と吉祥を招いてくれる伝統的な房飾りです。

～吉祥結び～

縁と縁を結ぶという意味があります。また、吉祥の形には幸福（ラッキー）・富・健康を永遠にもたらしてくれるパワーがそなわっているのです。

竹簫《ちくしょう》

家庭運・ビジネス運がアップ！

屋内の「吉」の気を増強してくれる風水の竹笛です。竹の節が１つ１つ大きくなっていくことから、「歩歩高陞＝どんどん良くなる」の改運効果をもたらします。この竹笛の細いほうを上にして壁に掛けておくと、家庭運やビジネス運が日に日に良くなります。

【長さ約55cm】

※梁の下に吊り下げると「梁圧殺」を解消してくれる効果も知られています

クリスタルスピナー

エネルギーを増幅させる！

らせん状に伸びた真鍮（銅が含まれている金属）のクリスタルスピナー（回転式水晶置き台）に水晶玉をのせて、天井から吊るします。すると気流などの自然なエネルギーの影響を受け、水晶は振動したり回転したりという運動を繰り返しはじめます。クリスタルスピナーはバネの役割を果たしているので、小さなエネルギーでも大きく増幅させて乗せている水晶に伝えることができます。クリスタルスピナーにのせた水晶は振動・回転を絶えず繰り返しながら、部屋中に「水晶エネルギー」をキラキラと紙吹雪のように撒き散らしてくれるのです。写真のように電動式回転機（専用ローター）を使用すると一層効果的です。

拡大図
約55㎜～100㎜までの水晶玉を乗せられます。

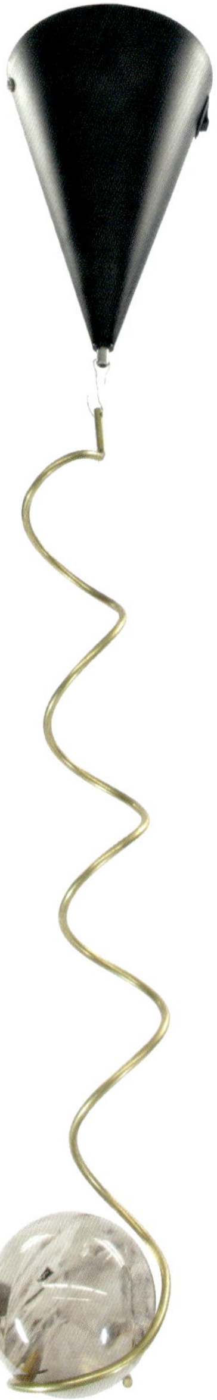

【長さ約70㎝】

水晶に光をあてる回転台

パワーストーンのエネルギーをアップ！

水晶やパワーストーンの持つエネルギーを、より一層高めるために古来より様々な方法が研究され活用されてきました。中でも特筆すべきは、水晶やパワーストーンに「光」を当てる方法です。写真のような「LED光源内蔵展示台」を利用すれば、下方から「光線という刺激エネルギー」を水晶に照てることが可能となり、部屋中に水晶エネルギーを燦燦《さんさん》と散りばめることができるのです。この近年開発されたLEDという光源は、水晶に刺激を与え、水晶やパワーストーンのエネルギーを広範囲にまで拡散させることが出来るのです。一層効果的にエネルギーを拡散させる色調の研究が盛んに行われています。最新のものは改運専門店で入手できます。

【直径約10cm】

点灯前

点灯後

水晶を置く回転台

エネルギーを広げる！

宝石専門店やブティックで見かける「回転式展示台」も、水晶に振動を与えながらエネルギーを撒き散らすという目的にはピッタリの道具です。

【高さ約４cm】

コラム 「上げ運」と「下げ運」

「うまく行ったら自分の実力」「うまく行かなかったら他人のせい」…よく耳にする悪口ですが、実はこんな考え方で生きていけたら本当にラクですよね。でも人生は「思い通り」には行かないもの。

～「上げ運」の場合～

- **●何をやってもうまくいく時**
- **●対人関係が円満の時**
- **●くじ運や勝負運が強い時**
- **●プラス思考で笑顔のたえない人**
- **●何をやってもうまくいく人**
- **●健康で活気に満ちている人**
- **●チャレンジ精神のある人**
- **●将来に夢や希望のある人**
- **●みんなが幸せになる住居や会社･店舗**
- **●引っ越した途端に業績の上がった会社･店舗**

～「下げ運」の場合～

- **●何をやってもうまくいかない時**
- **●不平、不満でいっぱいな時**
- **●くじ運や勝負運が弱い時**
- **●マイナス思考で笑顔の少ない人**
- **●何をやっても裏目にでる人**
- **●体調が悪く疲れやすい人**
- **●新しい事や変化を望まない人**
- **●将来の目的や希望がない人**
- **●そこに住んでいると良くないことが起きる住居や会社･店舗**
- **●引っ越したらズルズル落ち込んでいく住居や会社･店舗**

楽しく、おかしく、お金に不自由しない人生を送りたいのなら、いち早く「下げ運」から「上げ運」に変化することが大切です。「今、自分はダメな時だなぁ」と思えば「上げ運の人」とだけ選んで付き合いましょう。住んでいる住居の居心地が悪いと感じれば引っ越しをする。引っ越しができなければ化殺対処をして「気の流れに変化」を与え、早速「上げ運住宅」にしてしまうことが大切なのです。

※引っ越しや増築、改築には「運気の変化」が付きものです。タイミング、方位、物件の間取り、物件の環境など多方面から判断できる「自分が信頼できる専門家」に相談するとよいでしょう。

水晶やパワーストーンは、「神秘的なパワーを感じさせる石」として他の宝石と区別されてきました。風水では天然石のパワーを活用して願いを叶える方法がたくさんあります。

本章では大自然が与えてくれた天然石の魅力と改運法をお伝えします！

第8章

水晶パワー効果で願望成就！

水晶のさざれ

すべての場を清める！

場を清めるために必要な風水アイテムで、どんな場所にも効果的です。マイナスエネルギーを吸収し悪影響を防いでくれます。特に、玄関先や水まわりに置くことをおすすめします。また、枕の中に入れて寝ると安眠できると言われています。建物を建てる前に、その土地に埋めたり撒いたりすることも、古くから行なわれてきました。（目安は１坪に１kg）

パワーストーンやアクセサリーを「水晶のさざれ」の上にのせて浄化する方法や、植木鉢の土中に入れて植物の持つパワーをアップさせることもできます。

アメジストのさざれ

創造力・集中力をアップ！

人と人が出会い何かを創造する場所にはアメジスト（紫水晶）が大きなパワーを発揮します。これからオフィスや勉強部屋、研究所などを建築するのであれば、床下に「アメジストのさざれ」を撒くことをおすすめします。現在、オフィスや勉強部屋として使われている空間には、このさざれをデスクの上に置くと集中力をアップしてくれるでしょう。また、アメジストは精神的な癒しにも効果があるので、枕や座布団に入れると心が落ち着き、安定した静かな時間を得ることができます。

ローズクォーツのさざれ

女性の魅力をアップ！

ローズクォーツは、女性の魅力をアップし恋愛を成就する効果があると言われています。お部屋に飾るだけで不思議と心がなごみ、あなたの笑顔を引き出してくれるようになります。そのため、人間関係が良好になり新たな出会いを招いてくれるのです。人気商売の方、人脈を広げたい方、人と接する仕事であれば男性にもおすすめです。お化粧する鏡の前や洗面所に置くと美しさがアップします。

金針ルチルのさざれ

財運をバックアップ！

金針ルチルは、財運を強力にアップさせるパワーストーンとして有名です。特に睚眦（86ページ）、貔貅（81ページ）、龍柱（48ページ）など、「偏財運」に関わる風水アイテムとの相性が抜群に良く、一緒に活用すると財運がますますアップします。金庫やレジの中に元寶（121ページ）と一緒に入れる方法も効果的です。

「偏財運」＝投資、投機、ギャンブルなどリスクをともなう財運のこと。
決まった収入以外に得られるミラクルな財運のこと。

アメジストドーム（紫水晶山洞）

財運を集め發財させる！

財運を呼び込む伝統的手法として、風水では欠かせない貴重なアイテムです。この形は、神秘のパワーを持つ幸運石として知られるアメジストの原石を、真ん中から二つに切ったものです。

外に流れる財運のエネルギーを空洞部分に引き込む働きがあるため、玄関や出入口の正面にドームを外に向けて置くのが一般的です。

また、金庫やレジの近くに置くのもいいでしょう。仕事場では、デスクの後方などに置くと脳が活性化され、集中力や気力をアップしてくれると言われています。ドームの中に目的にあった水晶玉やパワーストーンを入れて願望を成就させる伝統技もあります。

置く方位やドームの形よって様々な改運効果をもっているのも魅力の一つです。

トレジャーメノウ（聚宝盆）

パワースポットを作りだす！

財運や様々な運気を上部の蓋でキャッチして下部の盆の空洞に溜め込み、その場や空間にプラスエネルギーを取り込む働きがあります。そのため、簡単にパワースポットを作り出すことができるのです。家の中心（太極）や玄関、財方位に入口の方を向けて置きます。また、玄関を開けるとすぐに階段がある間取りの場合、入ってきた運気を逃がさないために、階段を上がりきったところに置いて下さい。

下部の盆の穴に、目的にあったパワーストーンの玉を入れておくと、願いを叶えるパワーがアップします。色合いも美しく見ているだけで心が癒されてくるでしょう。

※詳しくは「誰も書かなかった!! パワーストーンで作るパワースポット」（コスモトゥーワン刊）を御参照下さい。

スーパーマウンテンクリスタル

究極の改運！

「龍脈水晶」と呼ばれ、水晶が数千年～数千万年かけて成長していく過程が年輪のように刻まれた貴重な水晶です。この水晶は、「きのうより今日、今日より明日！」と人生の運気をますますアップさせてくれる効果が世界中に知られ、改運水晶の代表として有名です。とくに中国文化圏では、この改運水晶を「越《ゆえ》來《らい》越《ゆえ》好《はお》・歩歩高陞」と言い大切に扱っています。この水晶を身に付けると、今のあなたに必要な運気を呼び込んでくれるパワーがあります。

不思議なことに山の形をした造形は鮮明さが増したり、色が濃くなったりと千変万化を繰り返します。これは、持つ人とのエネルギーバランスを調整している証拠だと言われています。ペンダントに活用されるのが一般的ですが、大きな六角柱などは「運気を高める宝物」として住宅やオフィスに置いて、その場の改運に利用します。大切なものを「一生もの」と良く言いますが、運気を左右するこのように貴重な水晶は、祖父から子へ、子から孫へと代々継承されていくのです。

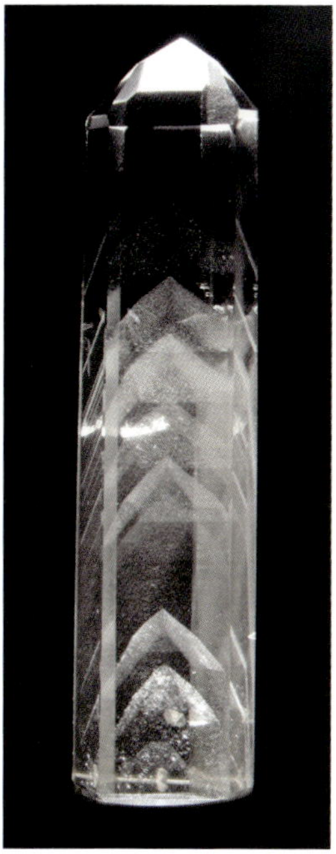

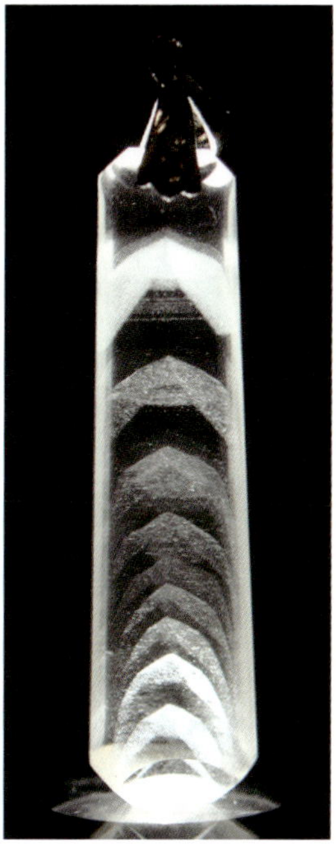

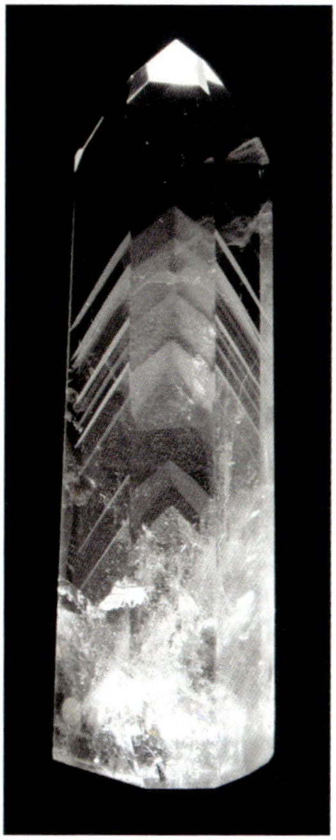

ヒーリング・カット・クリスタル
〔Healing Cut Crystal〕

あなたをサポートしてくれる！

ここで紹介するのは「ヒーリング研磨を施した特殊な水晶」です。ストレスにさらされた現代社会、そして誰もがきらいな競争社会、しかしそれを避けて生活することはできません。そんな世の中で大きなストレスを感じた時は、以下の場面でそっと〔Healing Cut Crystal〕を握りしめてみてください。きっときっと大きな力であなたをサポートしてくれるはずです。

●ストレスを感じる
●イライラする
●気持ちが滅入る
●緊張する
●心臓がバクバクする
●冷や汗がでる
●夜、寝付けない
●悪い夢を見る
●叶えられない夢がある
●集中して仕事がしたい
●人前に出る時に緊張する
●集中力を一瞬で高めたい！
●試験や商談を成功させたい

ぜひ、あなたにピッタリの〔Healing Cut Crystal〕を探してみましょう。一生の伴侶、相棒となってあなたをサポートしてくれるはずです。

※大切な方へのプレゼント…〔Healing Cut Crystal〕なら、きっとあなたの気遣いが相手に伝わります。

〔Healing Cut Crystal〕に使用する天然水晶は水晶のヒーリングランプと同様、無色透明なものではありません。地球のエネルギーをたっぷりと吸収しながら、数千万年という年月をかけて成長してきた、業界用語で「経験豊富な水晶たち」と表現される選び抜かれた水晶だけなのです。このような水晶は、私たちに癒しのパワーを与えてくれるヒーリング・ストーンです。手でそっと握りしめると、緊張をほぐし、癒しの効果を私たちにもたらしてくれます。そのため自然の形をそのまま生かし表面をやわらかく研磨してあります。ひんやりとして気持ちがよく、不思議と心が落ち着いてくるのが実感できることでしょう。

※数千万年前から数億年前の空気や水を水晶の中に閉じ込めてしまった「水入り水晶」でつくられた〔Healing Cut Crystal〕は、特に大きなエネルギーを放つことで知られています。

黒水晶

結界をつくる！

「黒水晶」は、〔陰気･邪気･殺気･妖気〕をはじめ、地上に流れているマイナスエネルギーをブロックし浄化してくれることから祈祷や御祓いなどにも使用されます。

自分を取りまく環境にマイナスエネルギーの発生する恐れがある場合、（神社、仏閣、葬儀場、病院などがある）玄関や出入口、窓際に置いて結界を作ることがおすすめです。自分の会社や店舗の出入口に向かって真っすぐ橋が架かっている立地は、破財運と言って財産運がマイナスになります。このマイナスエネルギーをブロックするために、「黒水晶」を出入口の両脇に置きます。

また、家の中心に台所がある場合にも「黒水晶」を使います。火の気が家の中心にあるのは凶相であり、邪気を呼び寄せるだけでなく防災上も好ましくありません。「黒水晶」を火の気の近くに置き化殺好転することが大切です。

原石

グレードの高い「黒水晶」は黒曜石やブラックトルマリンと非常によく似ていますので注意が必要です

丸玉

鍾乳石（ドリップストーン）

自然が作り上げた芸術品！

中国では石花や乳花などと呼ばれ、昔は体を温める薬として使われていました。「乳水、石に滴り落ち、霜雪の如く散って生ず」と言われ水晶などと同じように、悠久の大地と水の力によって作られた天然の芸術品です。ポツリポツリと、滴り落ちるカルシウムを含んだ水はツララのような石を形作ります。下に落ちた水滴は石に当たって散り、花やサンゴ、動物など様々な形を作り上げました。鍾乳石は、大願成就、運気アップ、家内安全（平安）に絶大な効果があり、風水の中でも非常に人気が高く有名なアイテムとして知られており、珍重されています。

※鍾乳石で作った印鑑は「運命印鑑」の代表です

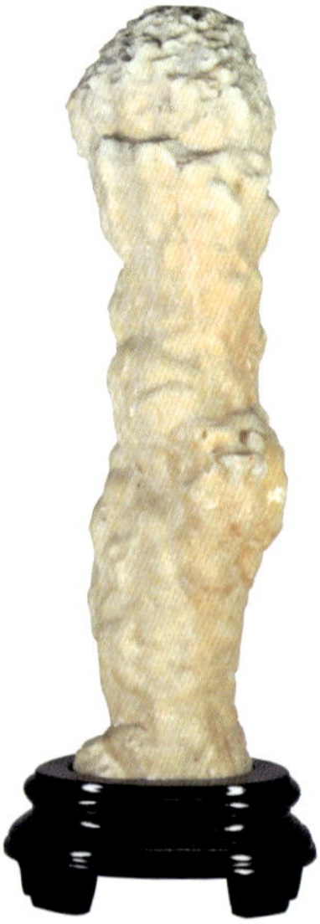

水晶のヒーリングランプ

安らぎを与えてくれる！

天然水晶の内部に、ほのかに光る白熱灯を埋め込んだ「現代人が安らぐため」の専用ランプです。天然水晶の内部から色調の柔らかい明かりを灯すのですから、部屋中を落ち着いたエネルギーで充満させてくれる効果が実感できます。ここに使用する天然水晶は無色透明なものではありません。地球のエネルギーをたっぷりと吸収しながら、数千万年という年月をかけて成長してきた、業界用語で「経験豊富な水晶たち」と表現される天然水晶たちだけなのです。

～ヒーリング効果～

- ●心が落ち着き、リラックスできる
- ●心がやすらぎ、やさしくなれる
- ●心が豊かになり、創造力がアップする
- ●心が明るくなり、幸せな気持ちになる

水晶クラスター

浄化＆パワーアップ！

数多くの水晶が集まっている状態で、水晶の鉱山から産出されてくるものを「クラスター」と呼びます。クラスターは、その美しさに加えて、水晶エネルギーが複合することにより相乗効果が発生することから、とくに、環境の浄化作用に優れていることで人気があります。さらに、クラスターの上に水晶玉や様々なパワーストーンをのせると改運効果を一層アップさせることができるのです。ブレスレットや指輪、ネックレス等ご自分のアクセサリーを浄化し、休ませてあげるときのベッドにしてあげるとアクセサリーに溜め込まれたマイナスエネルギーを自然に浄化してくれる働きがあります。

ゴールデンクラスター

財＆パワーアップ！

水晶クラスターに、特殊な技法で金色メッキを施したものをゴールデンクラスターと言います。金色に輝くオブジェは存在感が高く、一本一本の水晶が天然美を競っているかのようにエレガントさを漂わせています。浄化能力や改運効果は水晶クラスターと同様ですが、財運をアップさせるエネルギーは水晶クラスターより優れています。「水晶クラスター」と「ゴールデンクラスター」を並べて置いて、アクセサリーやパワーストーンによって浄化方法を使い分けると、それぞれの石との相性も見えてくるため、浄化との相性を研究してみると良いでしょう。

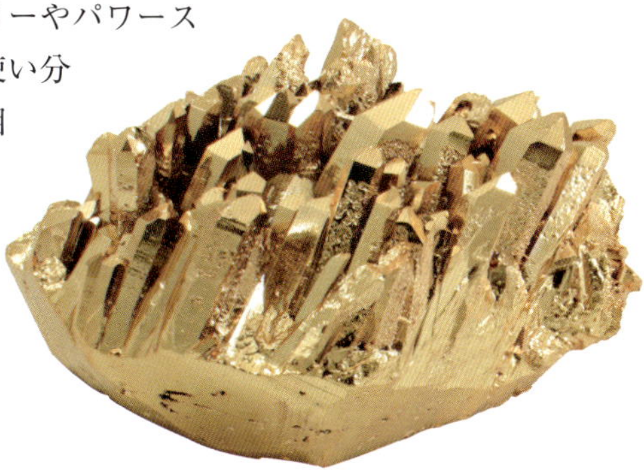

隕石（メテオライト）

すべての邪気を浄化する

隕石は、大気圏を通過する際すべての不純な物質を燃やし尽くしてしまいます。そのため科学的に見ても地球上で最もピュアな物質と言われています。

その隕石が「パワーストーン」として、何千光年、何万光年のはるか遠くから旅をして、あなたに触れられる縁を持ったのです。あなたの生まれるずっとずっと前から旅を始めたパワーストーンですから、これほどエネルギーの高いものはないはずです。心を込めて触れることで、世の中の邪気によってヨレヨレに疲れきったあなたに、新鮮でピュアなエネルギーをチャージしてくれます。

風水の効果としては、すべてのマイナスエネルギーを一掃する能力があることで知られ、隕石の落ちているところに家を建てて住むと気持ちが良く、商売やビジネスをすれば知らず知らずに発展するとされてきました。

また、隕石のピュアなエネルギーを必要としているのは、あなた自身だけではありません。あなたが大切にしている宝石などの石たちは、様々なことから日夜あなたを守っています。そのような大切な石たちをパワーアップする意味でも隕石に触れさせてあげることがおすすめです。

ペンダント

印鑑

原石

コラム　改運・開運だけはニセモノではできません！

四千年以上の歴史の中で、変わらずに語りつがれている「正統風水」には、理由があります。

それは、「こういうことが起こったときには、こんな場所にこんな物を置いたら災難を逃れられた」「こんな場合に水晶を持っていたら解決した」などと言う不思議な経験が親から子、子から孫へ、数百代に渡って伝承されて現代の風水学が確立しました。同じ事をやってみて、同じように大きな効果があったからです。

もしも、風水で使用されている風水アイテムがウサン臭いものであったり、迷信のようなものであったならば、伝承してくる過程で淘汰されてきたに違いありません。反対に言えば、効果がはっきりと実感できたからこそ脈々と受け継がれてきたのです。ただ残念なことに、最近の風水ブーム？に便乗して、「風水」と名をつけた悪質な風水アイテムや、本物を模造して量産した効果のないアイテムがまことしやかに出回っています。高級ブランドのバッグなども、コピー商品にメーカーは悩んでいますが、消費者にとってそれで十分と割り切ってしまえば、それなりに楽しめます。

しかし、改運・開運アイテムともなると、果たしてニセモノで改運できるのでしょうか？　風水をファッションや遊びととらえ、開運ごっこをするのでしたら、それで十分でしょう。しかし、「絶対にいい人生にして行こう！」と前向きに改運を願う方々（私共では、したたかな改運を願う方々と呼びます）には、間違いなくホンモノを選んでいただきたい、と考えるのです。

たとえば48ページで紹介している「七星昇り飛龍」は樹脂製の、しかも人工水晶以下のガラス玉を乗せたものが堂々と出回っているのが現状です。このほかにも似て非なるものが通販にもショップにも出回っていますので、注意されることをおすすめいたします。

改運の最高峰！～運命印鑑～

パワーストーン印鑑

ここで紹介するのは、ありふれた開運ではなく強い意志を持って人生の運気をプラスに「改運させていこう！」と願う…そんなあなたをバックアップする、まさに究極とも言えるパワーあふれる改運のための「運命印鑑」です。

印鑑には様々の種類があり、木材や動物の骨や牙を使用したものもあります。しかし、木材は長くても数百年の歴史のものから作られます。動物の骨や牙は、それよりも短い歴史の中で作られたものです。その上、動物たちを殺傷して入手したものですから陰の気を帯びています。

地球上でいちばん古く、そして純粋な物質は鉱物です。その中でもプラスの波動を持ち、美しく希少価値のあるものをパワーストーンと呼び、その改運効果は世界中で知られ実証されています。

パワーストーンには、数千万年から数億年もの歳月をかけて、地球の大地の

エネルギーを吸収して成長してきた、たくましさがあるのです。そのパワーストーンに自分自身の名前を刻み込み、使用し、持ち歩き、身近に置くことにより、パワーストーンの持つエネルギーを自分のものにすることができるのです。

ことわざに「名は体を表す」と言う言葉があります。「人や物の名は、そのものの実体を言い表している」という意味です。あなたの名前は、あなた自身を表現しアピールしている、とてもエネルギーの高いものなのです。

あなたの名前を彫ったパワーストーン印鑑は、きっとあなたの分身となり、お守りとなってくれることでしょう。

天然石であるパワーストーンは、木材や動物の骨や牙で作られたものより冷たく感じます。ですから、パワーストーン印鑑を使うと、印鑑を持った瞬間、指からその冷たさが伝わり、緊張感を促し冷静になれる効果が得られるのです。

パワーストーン印鑑を手にして、冷静になって印面を目視するときこそ、「あなた」と「パワーストーン印鑑」のエネルギーがぶつかり合い相乗効果が生み出され、あなたの人生を改運へと導いてくれる瞬間なのです。このような効果が期待できるのは、「パワーストーン印鑑」以外にはありえないのです。

※詳しくは「誰も書かなかった!! パワーストーン運命印鑑」（コスモトゥーワン刊）を御参照下さい。

風水改運財布

金運アップにこれ以上のものはない！

風水理論上、財布に求められる金運アップの条件をすべて満たした財布です。その条件とは…

1 招財進寶のデザインボタン

財を招いて宝に進む！と言う意味をもつ「招財進寶」の文字が描かれたボタンです。

2 財神カード（121ページ）

中国の中でも、とくに架橋の人に人気を誇る伝統的な「財神」。すべての人々に財運と喜びを運んでくれます。

3 向い龍のデザイン

二匹の龍が向い合うことで、互いのエネルギーを交換し合い、凄まじいパワーを生み出すことができます。

4 秘密のポケット

秘密の隠しポケットに宝くじや受験票、願い事を書いた紙を入れておきます。

5 向い鳳凰のデザイン

秘密の隠しポケットに描かれた向い鳳凰のデザインは、向い龍のエネルギーと共鳴し、元気･やる気とともに願い事を叶えてくれるパワーを生み出してくれます。

6 タイガーアイのドラゴンボール

向い龍の中心に、タイガーアイの龍珠（ドラゴンボール）を組み込みました。そうすることで金運･財運･仕事運を最大限にアップさせることができます。

7 吉寸法のデザイン

風水上の吉寸法（長さ）で作られ、お金にとって居心地が良い環境となっています。

※ゴールドカラー…金運を招き動かすパワーがあります
ブラックカラー…金運を安定させるパワーがあります

❶招財進寶のデザインボタン

❷財神カード

❸向い龍のデザイン

❹秘密のポケット＆❺向い鳳凰のデザイン

❻タイガーアイのドラゴンボール

※ゴールドカラーもブラックカラーも財布のデザイン・仕様は同じです。

終わりに

～お医者さんと薬局～

自分の運気を改善する「化殺風水」を行うにあたって２つの方法があります。ひとつは風水師に見てもらって対処法を指導してもらう方法。もうひとつは本を見ながら自分自身で風水を整えていく方法です。この２番目の方法が『DIY風水』として、今世界中で人気になっているのです。正統な風水の道具や用品を扱うお店は日本には多くありません。正統な風水アイテムは入荷がとても困難だからです。私たちはこのようなお店をどのように利用したらよいのでしょうか？

●開運・改運したい
●家を建てることになった
●人間関係がうまくいかない
●今年は受験なんだけど
●商売を伸ばしたい
●財運をUPさせたい
●移転を考えているんだけど
●引っ越したとたんに運が落ちたみたい
●恋愛運を上げたい
●競争に勝ちたい

などなど、ながい人生で何か問題を抱えた時、気軽にそのことを相談してみましょう！きっとDIY風水の方法を教えてくれることでしょう。

わかりやすく説明すると風水専門店は、『薬剤師のいる調剤薬局』みたいなものです。体調を改善したい患者さんは、『薬局』に行って相談します。『薬剤師』はその症状に合わせて『この薬を塗ったり飲んだり処置をすれば大丈夫です。でも最善はドクターに見てもらうことですよ』と患者さんの症状に最適なドクターを選んで紹介してくれます。ただし、ドクターに診てもらうのは、高額な出費を伴います。このように風水師に家を観てもらうと５万円～100万円といった鑑定料になるようです。残念ながら風水には健康保険も利きません。

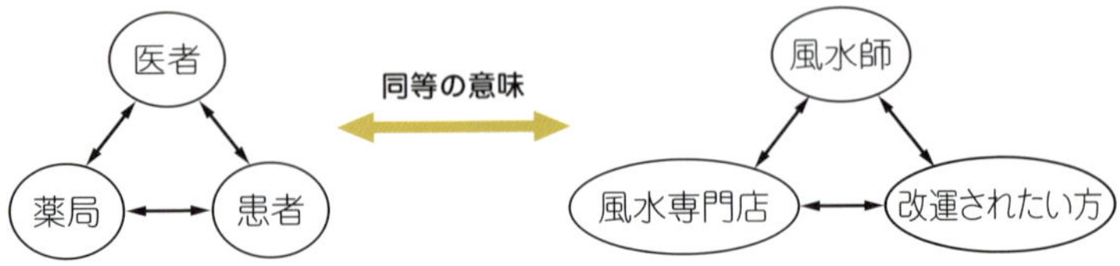

そんな時、市販の薬を飲んで風邪を治そうとする方がいるのと同じように、症状に合った薬の選び方と飲み方を教えてくれるのが風水専門店なのです。つまり『薬剤師のいる薬局』と思っていただいて結構です。

しかし、何事につけ、DIYでやるよりも風水師に相談する方が良いに決まっています。香港をはじめとする華僑文化圏では、５千万円の家を建てるときには風水師と設計士に10%ずつ支払います。つまり５百万円を運気のために使うのです。『家を建てた途端に不幸があった』ということを誰でも耳にしたことがあるはずです。せめて１%の50万円でも0.1%の５万円でも先生に観てもらって、そのアドバイスをふまえてやったほうが絶対にいいのです。風水専門店では、『風水セミナー』『気軽な１時間風水相談』などもやっています。また風水専門店には、大切なもう１つの仕事があります。現在、日本にも多くの風水師の先生がおられます。そして、先生によって使用するアイテムが違います。風水の歴史は古いのでいろいろな考えが生まれてきて当然なのです。風邪をひいたときも、どんな薬を出すか、どこに注射をするか、医師によって違うでしょう。それと同じです。風水専門店は『先生』にも『薬』を提供しています。

風水師による出張鑑定

改運風水の専門店でアイテムを入手

風水師の先生へ相談

相談後、風水対策をしたところ

例えば、似たような症状のときに、A先生はXという薬を使った、B先生はYという薬をどこに使った、という情報が集まってきます。

ある時、若い先生が来店して『こういうお客さんがいらっしゃるんだけど、どうしよう』と相談されることもあります。そのとき、『こういうことで、成功された先生もいますよ』とお知らせして、先生を育てていく仕事もしているのです。

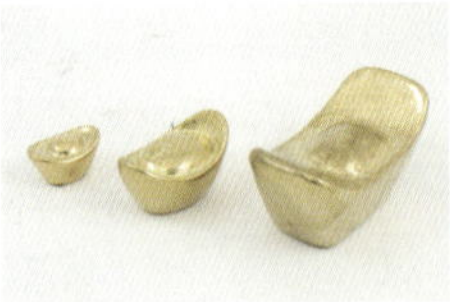

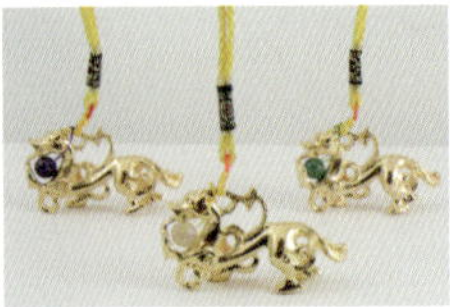

風水専門店の仕事内容とその利用法がおわかり頂けましたでしょうか？

1 症状に合った『薬』を選び、その使い方をお知らせすること
2 症状に合った『ドクター』を選んで紹介すること
3『薬』の効き方を研究し、お客様やドクターにお知らせすること

人生に迷ったら一度お店に行かれたらいかがでしょうか？目的や状況を聞いてベストなDIYの方法をお探ししたり、目的や悩み事にマッチした専門の先生をご紹介したり、いろんなアドバイスをしてくれると思います。ご自分で風水を勉強されている方も多いことでしょう。そういう方にも、きっとご納得いただけることと思います。でも風水専門店のスタッフは『風水師』や『先生』ではありません。人生相談にならないよう節度をもって訪問されることをおすすめいたします。

参考文献

『古今風水学』　王乾
『風水術語精解』　宋芝林
『風水的研究』　梁貴博
『風生水起好運来』　龍天機
『為ni解風水』　宋韶光
『風水化殺招財不求人』　英棋居士
『風水百寶箱』　宋韶光
『風水安神法』　謝天詮
『招財進寶改運法』　謝天詮
『風水保平安』　謝天詮
『獣形風水学』　謝天詮
『辦公室金魚缸風水』　李栄楊
『點只風水　簡単〔下冊〕』　白鶴鳴
『家肥屋潤自動手冊』　白鶴鳴
『黄金満屋自動手冊』　白鶴鳴
『完全風水自救手冊』　何昭
『陽宅風水旺財原理』　梁剣豪
『旺宅化殺22法』　白鶴鳴
『完全風水布局手冊』　白鶴鳴
『易学易用八宅風水』　白鶴鳴
『風水操作与応用』　宋韶光
『完全風水布局手冊』　宋韶光
『家居風水小錦嚢』　宋韶光
『祈福習俗小錦嚢』　宋韶光
『家居風水20訣』　宋韶光
『買楼風水20訣』　宋韶光
『旺宅化殺22法』　宋韶光
『家居旺財風水32局』　宋韶光
『図解風水100例』　宋韶光
『風水掌相100問』　宋韶光
『家宅風水200戒』　懐徳居士
『怎様布置改運風水』　胡不歸
『怎様用羅盤看風水』　洪正忠
『怎様布置風水吉祥物』　姜威國
『家居好風水１』　宋韶光
『家居好風水２』　宋韶光
『家居好風水３』　宋韶光
『周天易盤羅経用法正解』　呉明修
『財神風水改運法』　一禅居士
『ni也憧風水』　楊定睿
『風水一点霊』　楊定睿
『辦公風水一点霊』　楊定睿
『居家風水Ｑ＆Ａ』　楊定睿
『陽宅化殺』　張覚明
『紫微精点陽宅』　陳彦安
『餐廳風水』　楊勝男
『商店風水与運勢』　邱震睿
『開店看風水』　盧尚
『辦公室＆店舗風水』　懐陽明
『商店風水賺銭術』　李武信
『如何選択風水好的住家』　懐陽明
『風水与色彩大智慧』　羅四維、林雲
『上班族必憧的風水術』　草思真人
『上班族一路發風水術』　草思真人
『吉祥物風水改運法』　一禅居士
『最怕擺錯風水』　馬君程
『風水之道』　李居明
『魯班伝奇』　蕭玉寒
『繪図魯班木經匠家鏡』　魯公論
『魯班寸白簿』　魯班公
『中国堪輿辞典』　張解民
『羅経使用方法』　孔日昌
『易経三元羅経透解』　邱于展
『三元三合簡易羅経図解使用法』　天星居士
『稀世珍本鐵算盤』　劉伯温
『易学大辞典』　張其成
『易経地理風水考証講義』　蔡少豪
『白話易経』　鍾綾
『易経占卜術全書』　許紹龍
『奇門遁甲』　法主堂山人
『奇門遁甲全書』　許紹龍
『奇門遁甲盤』　邱宗雲
『發財祕笈風水（上）』
『發財祕笈風水（下）』
『2000年改運風水寶鑑』　風水生活雑誌
『陳璋萬寶暦書』　陳璋
『聚寶楼』

塚田眞弘の著書

『化殺風水・運を好転させる開運アイテム図鑑』（説話社）
『化殺風水・Part.2』（説話社）
『お客様が増えるお店・利益が伸びる会社』（Ｈ＆Ｉ）
★『癒しの水晶パワー』（説話社）
『水晶パワーで大開運』（アミカル）
★『正統風水アイテム図鑑』（説話社）
『儲かる！殖える！すぐできる！／正統風水の奥義』（メタモル出版）
『今日からできる・自分でできる／ビジネス成功風水』（メタモル出版）
『天然石と宝石の図鑑』（日本実業出版社）
『自分でできる 簡単 風水 プチ・リフォーム』（現代書林）
『風水アイテムベスト56 強運ハンドブック』（コスモトゥーワン）
★『誰も書かなかった‼ パワーストーン組合わせ方ガイド』（コスモトゥーワン）
『誰も書かなかった‼ パワーストーン組合わせ方ガイドⅡ』（コスモトゥーワン）
★『誰も書かなかった‼ 水晶の秘密』（コスモトゥーワン）
★『誰も書かなかった‼ 風水の秘密』（コスモトゥーワン）
『諸葛孔明の戦略 大風水があなたを変える！』（メタモル出版）
『風水師ウメヤマの成功・金運・幸福 事件簿』（メタモル出版）
『幸せになる‼ 水晶 開運・改運 マニュアル』（アミカル）
『誰も書かなかった‼ パワーストーンブック』（コスモトゥーワン）
『風水の裏ワザ 101の処方箋』（メタモル出版）
『パワーストーン・セラピー』（Ｋ＆Ｂパブリッシャーズ）
『誰も書かなかった‼ パワーストーンで作るパワースポット』（コスモトゥーワン）
『誰も書かなかった‼ パワーストーン組合わせ方ガイドⅢ』（コスモトゥーワン）
『誰も書かなかった‼ パワーストーン運命印鑑』（コスモトゥーワン）
『商业必胜风水术』（東北教育出版社）
『天然石與宝石鑑賞圖鑑』（楓書坊文化出版社）
『Feng Shui』（アミカル）
『中華的演出』（大華企画）
『化殺風水』（イーグルパブリシング）
『Feng Shui & Power Stones for Your Happy Life』（アミカル）
『誰も書かなかった‼ 改運 九龍パワー』（コスモトゥーワン）
『誰も書かなかった‼ ヒスイの秘密』（コスモトゥーワン）
『心と体を浄化する！パワーストーン＆天然石の図鑑』（コスモトゥーワン）

この著書一覧を御覧になりたい方は…
http://www.chugokuya.com/
★印の著書はホームページにて閲覧できます

著者・監修紹介

塚田 眞弘（つかだ まさひろ）

運勢の悪い部分を手直しし、運気を上昇させる技術「化殺風水学」の第一人者。

運気を改善する際に駆使する伝統的な「風水アイテム」の解説書は、風水の本場中国でも翻訳出版され、風水学会の重要なテキストとなっている。

一方、パワーストーンの原点である「鉱物学」にも精通し「鉱物」「パワーストーン」「水晶」に関する著書も多数。

監　修

International Fengshui Association

社団法人 **国際・風水協会**

〒111−0032　東京都台東区浅草1−16−9
電　話 03-3845-6808　FAX 03-3843-8236
ホームページ　http://www.fu-sui.com
E-Mail　mail@fu-sui.com

アジア事務局・欧米事務局・北京支局・ニューヨーク支局
香港支局・広東支局・西安支局・台北支局・上海支局・長春支局

国際・風水協会 活動内容

○風水師検定試験の実施　○風水施設の美化推進
○風水行事の開催および助成　○風水施設の設置および改善
○風水情報の収集および提供　○風水の宣伝および紹介
○風水師の認可　○その他協会の目的を達成するために必要な事項

■この内容に関するお問い合わせ先

風水改運中心（お台場）
〒135-0091　東京都港区台場１-６-１
デックスビル内
TEL&FAX　03-3599-6868
※ニューヨーク支店もあります

中國屋〔総合中国建築〕
〒111-0036　東京都台東区松が谷３-17-11
（かっぱ橋道具街）
TEL　03-3843-8235
FAX　03-3843-8236

■「ホンモノ」の正統風水アイテムによる正しい風水指導、風水で扱う「良好エネルギー」の天然水晶活用方法…詳しい内容は下記ホームページをご覧下さい。
ホームページ　http://www.chugokuya.com/

■中国式建築、「中華街を作り出している中華装飾建材」にご興味のある方は下記ホームページをご覧下さい。「中国建築」が風水を基本に構築されていることが、お分かりいただけます。
ホームページ　http://www.chugokuya.com/

◎撮影——門田和男（中國屋）　金丸素久（国際・風水協会）
◎装幀——田中 望（Hope Company）

中国正統《ちゅうごくせいとう》　風水《ふうすい》アイテム図鑑《ずかん》

◎著者　塚田眞弘《つかだまさひろ》

◎監修　社団法人 国際・風水協会

◎発行日　2009年6月15日　初版第1刷発行

◎発行所　株式会社 成甲書房
〒101-0051　東京都千代田区神田神保町1-42
振替 00160-9-85784
電話 03（3295）1687
E-MAIL　mail@seikoshobo.co.jp
URL　http://www.seikoshobo.co.jp

◎印刷・製本　三晃印刷株式会社

ISBN978-4-88086-246-0